ein Ullstein Buch

ein Ullstein Buch
Nr. 20067
im Verlag Ullstein GmbH,
Frankfurt/M – Berlin

Originalausgabe

Umschlagentwurf:
Jürgen Spohn
Gestaltung: Ditmar Bernhardt

Die chinesischen Schriftzeichen
stammen vom Übersetzer
Tuschzeichnung: Religionskundliche
Sammlung des Bildarchivs Foto Marburg

Printed in Germany 1990
Druck und Verarbeitung:
Ebner Ulm
ISBN 3 548 20067 2

5. Auflage Juli 1990

CIP-Titelaufnahme
der Deutschen Bibliothek

Laozi:
Dau-dö-djing: (Tao-tê-king); das Buch
vom rechten Wege und von der rechten
Gesinnung / Lau Dse. Ins Dt. übertr. u. mit
e. wörtl. Übers., e. Einl. u. Erl. vers. von Jan
Ulenbrook. – Orig.-Ausg., 5. Aufl. –
Frankfurt/M; Berlin: Ullstein, 1990
(Ullstein-Buch; Nr. 20067)
Einheitssacht.: Daodejing <dt.>
Auf d. Haupttitels. auch: Lao Tse. –
Parallelsacht. in chines. Schr.
ISBN 3-548-20067-2
NE: Ulenbrook, Jan [Übers.]; GT

LAU DSE
(Lao Tse)

DAU DÖ DJING
(Tao Tê King)

Das Buch
vom rechten Wege
und von der
rechten Gesinnung

老子道德經

ins Deutsche übertragen
und mit einer wörtlichen
Übersetzung, einer Einleitung
und Erläuterungen versehen von
Jan Ulenbrook

ein Ullstein Buch

Meiner Frau
12 – 6 – 43

Vorbemerkung

Die vorliegende Übersetzung des Dau Dö Djing (Tao Te King) folgt den beiden Textfassungen, die nach chinesischer Überlieferung als die ältesten gelten: nämlich der von Ho-schang-gung (um 170 v. Chr. ?) und der von Wang Bi (226–249 n. Chr.). Die dem Ho-schang-gung zugeschriebene Einteilung des gesamten Textes in zwei Bücher und einundachtzig Sprüche, der auch Wang Bi folgt, wurde hier beibehalten. Die Überschriften zu den einzelnen Sprüchen, die ebenfalls von Ho-schang-gung stammen sollen, in der Ausgabe des Wang Bi aber fehlen, wurden, als eine Art Inhaltsverzeichnis, gesondert gebracht.

Um auch dem Leser, der mit dem Chinesischen nicht vertraut ist, einen Einblick in das Wortgefüge des Originaltextes zu geben, wurde jedem Spruch die wörtliche Übersetzung beigefügt. Diese wörtliche Übersetzung gibt – bis auf ganz wenige Ausnahmen – den chinesischen Text Schriftzeichen für Schriftzeichen wieder. Da die chinesische Sprache im Gegensatz zu den *flektierenden* Sprachen indogermanischen Ursprungs weder eine Flexion noch die uns geläufigen Wortarten kennt, sondern jedes ihrer Wörter seinen grammatischen Charakter allein der Stellung im Satzganzen verdankt, wurden die chinesischen Wörter zur Verständniserleichterung gleich flektiert ins Deutsche übertragen, wie es das folgende Beispiel zeigt:

gu	*schën*	*bu*	*sï*	
quellgründe	geist	un-	sterblich	
schï	*we*	*yüan*	*pin*	
er	ist	urtümlich	weibliche	
yüan	*pin*	*dschï*	*mën*	
urtümlich	weiblichen	(Hilfswort)	pforte	
schï	*we*	*tiän*	*di*	*gën*
er	ist	himmel	erde	wurzel
miän	*miän*	*jo*	*tsun*	
zart	zart	wenn	bewahrt	

yung	*schï*	*bu*	*tjin*
wirkt	er	ohne	mühe

Dabei wurde das chinesische Hilfswort »dschï«, wodurch das vorhergehende Wort »pin« (= weibliche) in den Genitiv gesetzt wird, im Deutschen mit »des« wiedergegeben und vor das zum Hauptwort »pin« gehörende Eigenschaftswort »yüan« (= urtümlich) gestellt, so daß diese Textzeile in der Übersetzung schließlich wie folgt lautet:

des urtümlich weiblichen pforte.

Auf diese Weise wurden alle Fälle des genitivischen »dschï« behandelt. – Ebenso wurden die im Chinesischen üblichen Versubstantivierungen durch das Hilfswort »dschö« sofort in die ihnen entsprechende deutsche Form gebracht.

Der Versuch, die in die Sprüche des Dau Dö Djing eingestreuten gereimten Partien auch im Deutschen durch Reime wiederzugeben, wurde unterlassen, um nicht, und zwar dem bloßen Reim zuliebe, allzu gesuchte Wörter wählen zu müssen und dadurch die Übersetzung des Sinngehaltes der einzelnen Sprüche zu gefährden.

Im März 1980 Der Übersetzer

紫氣東來
戊戌春王月明甫何元俊寫

Einleitung

Das ledige Gemüt vermag alle Dinge
Meister Eckehart

Lau Dse soll, wie die chinesische Überlieferung zu berichten pflegt, im Jahre 571 v. Chr. im Dorfe Kü-jön im Landkreise Hu des Regierungsbezirkes Li im damaligen Lehnstaate Tschu (im Süden der heutigen Provinz Ho-nan) geboren sein; sein Sippenname sei Li, sein Rufname Ör und sein Mannesname Bo-yang gewesen. Auch habe er längere Zeit am Hofe der Dschou-Dynastie (1122–225 v. Chr.) zu Lo-yang als Archivar Dienst getan.

Dort soll ihn auch Kung Dse oder, wie das Abendland ihn nennt, Konfuzius (551–479 v. Chr.) einmal besucht haben, um sich bei ihm nach den alten Bräuchen zu erkundigen. Lau Dse habe bei der Gelegenheit zu Kung Dse aber nur gesagt: »Die, von denen du da redest, diese Männer sind mit all ihren Knochen längst vermodert; nur ihre Worte liegen uns noch in den Ohren. Zudem: Findet der Edle seine Zeit, so wird er gebraucht, findet er seine Zeit jedoch nicht, so fällt er lästig und geht. Auch habe ich gehört: Ein guter Kaufmann hält, was er hat, verborgen, als habe er nichts, und ein Edler von hoher Gesinnung schaut drein, als sei er einfältig. Laß also dein hochmütiges Wesen und deine zahlreichen Wünsche fahren und gib den äußeren Schein und das unnütze Streben auf, denn all das fördert nicht dich selbst. Das rate ich dir – nichts weiter.« Auf dem Heimwege habe Kung Dse dann zu seinen Schülern gesagt: »Von den Vögeln weiß ich, daß sie fliegen können, von den Fischen weiß ich, daß sie schwimmen können, und vom Wild weiß ich, daß es laufen kann. Für das, was läuft, kann man Netze machen, für das, was schwimmt, kann man Schnüre machen und für das, was fliegt, kann man Pfeile machen. Doch wie man einem Drachen beikommt, das weiß ich nicht, reitet er doch auf Wind und Wolken und steigt so zum Himmel auf. Heute sah ich den Lau Dse – gleicht der nicht einem Drachen?«

In seiner Stellung als Archivar am Hofe der Dschou habe Lau Dse dann den Niedergang dieses Herrscherhauses vor Augen gehabt. Als er schließlich zu der Überzeugung gelangt war, daß dieser Niedergang nicht mehr aufzuhalten sei, soll er sich zur Zeit des Herrschers Djing Wang (519–475 v. Chr.) von seinem Amte zurückgezogen und nach Westen gewandt haben, um das Land zu verlassen. Beim Überschreiten des Grenzpasses Han-gu habe ihn dann allerdings der dort diensttuende Paßkommandant Yin Hi erkannt und daraufhin gebeten, doch etwas Schriftliches zu hinterlassen. Und so habe Lau Dse denn seine Gedanken über den rechten Weg und die rechte Gesinnung in etwas mehr als fünftausend Schriftzeichen niedergeschrieben und dem Yin Hi übergeben. Danach sei er (siehe Tuschzeichnung auf Seite 9) auf einem Wasserbüffel reitend weitergezogen, kein Mensch vermag zu sagen, wohin.

Dem so Verschollenen sei schließlich der posthume Ehrenname Dan, d.h. »Langohr«, zuteil geworden; eine spätere Zeit aber habe ihn dann Lau Dse, »alter Meister«, genannt.

Außerdem wird überliefert, daß Lau Dse einen Sohn namens Dsung gehabt haben soll, der sich im damaligen Lehnsstaate Wei als Oberst Verdienste erworben habe und dafür mit einem Lehen in Duan-gan belohnt worden sei. Dsungs Sohn aber soll Dschu und dessen Sohn wiederum Gung geheißen haben, und der Ururenkel von Gung, der Djia hieß, soll unter dem Han-Kaiser Hiau Wen Di, der von 179 bis 156 v. Chr. regierte, einen höheren Beamtenposten innegehabt haben.

Manche Leute sollen aber auch auf einen gewissen Lau Lai Dse hingewiesen und gesagt haben, er sei ebenfalls aus Tschu gewesen und habe auch ein Buch über die Praxis des Dauismus geschrieben und mit Kung Dse zur selben Zeit gelebt; denn Lau Dse sei über 160 Jahre alt geworden. Wieder andere sollen sogar erzählt haben, er sei über zweihundert Jahre alt geworden, weil er den rechten Weg gepflegt und dadurch ein hohes Alter erreicht habe.

Überdies sollen die Annalen von Dschou 129 Jahre nach dem Tode des Kung Dse noch einen Hofchronisten Dan erwähnen, der mit dem Herzog Hiän von Tsin (384–361 v. Chr.) eine längere Unterredung über die Geschichte von Dschou und Tsin gehabt habe. Nun sollen einige Leute gesagt haben, dieser Hofchronist Dan sei Lau Dse gewesen, andere aber, das sei falsch.

Was von dieser Überlieferung nun bloße Legende und was geschichtlich ist, wird sich heute wohl kaum noch mit einiger Sicherheit entscheiden lassen, da sowohl ihre Daten als auch sachlichen Angaben in sich widersprüchlich und unzuverlässig sind. Das hat schon Ssema Tsiän (163–85 v. Chr.), dem wir die meisten dieser Angaben verdanken, selbst empfunden und daher nur lakonisch gemeint, Lau Dse sei eben ein Edler gewesen, der danach getrachtet habe, verborgen zu bleiben.

Angesichts dieser recht spärlichen und unsicheren Nachrichten über den Verfasser des Dau Dö Djing wird das Werk selbst von den frühen Schriftstellern des Dauismus bereits überraschend oft zitiert. So finden sich z. B. in dem »Wahren Buch von der überquellenden Leere« des Liä Dse, der im vierten Jahrhundert v. Chr. gelebt haben soll, schon vierzehn seiner Sprüche vor; und das »Wahre Buch vom südlichen Blütenlande« des Dschuang Dse (gest. 275 v. Chr.) gründet sich in all seinen Ausführungen so sehr auf die Lehren des Dau Dö Djing, daß es ohne dieses gar nicht zu denken ist. Ja Han Fei Dse, der um 235 v. Chr. starb, erläutert mit ziemlicher Ausführlichkeit bereits 22 der Sprüche des Lau Dse und widmet ihnen in seinem Werk ganze zwei Kapitel von rund dreißig Seiten; während Huai Nan Dse, der sich im Jahre 122 v. Chr. nach einer mißglückten Verschwörung das Leben nahm, anhand von Beispielen aus der chinesischen Geschichte sogar 41 Sprüche aus dem Dau Dö Djing bespricht. Somit lassen sich also sechzig der 81 Sprüche dieses schmalen Buches als Zitate in den Werken des frühen Dauismus nachweisen, was als ein günstiges Ergebnis gelten kann und darauf hinweisen dürfte, daß das Werk des Lau Dse vom dritten Jahrhundert v. Chr. an schon ein beträchtliches Ansehen besessen haben muß, um als Autorität zitiert zu werden.

Der älteste Kommentar zum Dau Dö Djing, der uns erhalten geblieben ist, soll aus der Zeit des bereits erwähnten Han-Kaisers Hiau Wen Di stammen und von einem gewissen Ho-schang-gung geschrieben worden sein; dieser soll auch den gesamten Text zum ersten Mal in 81 Sprüche und zwei Bücher eingeteilt und jeden Spruch mit einer Überschrift versehen haben. Sein eigentlicher Name ist uns unbekannt; den Namen Ho-schang-gung, was so viel heißt wie »Herr am Huang-ho«, sollen ihm seine Zeitgenossen gegeben haben, weil er in einer von ihm selbst gebauten Strohhütte am Ufer des Huang-ho gelebt und sich dort in die Worte des Lau Dse vertieft und in der Meditation geübt haben soll.

In dieser Klause soll ihn auch einmal der Kaiser Hiau Wen Di aufgesucht haben. Wie uns nämlich Go Hüan, ein dauistischer Eremit aus dem dritten Jahrhundert n. Chr., in seinem Vorwort zu der von Ho-schang-gung kommentierten Ausgabe des Dau Dö Djing erzählt, soll der Kaiser die Sprüche des Lau Dse sehr geliebt haben. Da ihm jedoch manche dieser Sprüche dunkel geblieben waren, habe er unter den Adeligen und Würdenträgern seines Reiches nach jemandem Ausschau gehalten, der sie ihm zu erklären vermöchte. Trotz öffentlichen Aufrufs soll sich jedoch niemand gemeldet haben. Eines Tages habe er dann zu seiner großen Überraschung einen seiner Kammerjunker von Ho-schang-gung und dessen großer Vertrautheit mit den Lehren des Dau Dö Djing reden hören. Daraufhin habe er sofort einen Boten mit einem persönlichen Handschreiben losgeschickt, in welchem er Ho-schang-gung nach dem Sinn der ihm dunkel gebliebenen Worte des Lau Dse fragte. Ho-schang-gung habe jedoch nur geantwortet: »Der rechte Weg ist hochzuhalten und die rechte Gesinnung zu schätzen – da gibt es nichts zu fragen.«

Als dem Kaiser diese Worte zu Ohren kamen, habe er sofort anspannen lassen und sei selbst zu Ho-schang-gung hinausgefahren. Bei ihm angekommen, habe er ihn dann barsch angefahren: »In der ganzen Welt gibt es nichts, was nicht Land des Königs ist, und in den Grenzen dieses Landes gibt es niemanden, der nicht dem König untertan ist. Denn in der Begrenztheit Mitte gibt es vier Große, und der König ist einer von ihnen. Und du, wenn du auch den rechten Weg hast, gehörst dennoch zu meinem Volke. Wenn du jedoch nicht fähig bist, dich selbst zu beugen, wie kannst du da erhöht werden? Ich bin genug, um die Menschen reich und geehrt oder arm und verachtet zu machen.«

Da habe Ho-schang-gung in die Hände geklatscht, sich mit gekreuzten Beinen niedergesetzt und sei wie eine Wolke, die sich erhebt, ganz allmählich in die Luft geschwebt, habe so den Boden unter sich gelassen und sich etliche Fuß zum Himmel aufgeschwungen. Nach einer Weile soll er sich dann herabgebeugt und zu Hiau Wen Di gesagt haben: »Oben reiche ich nicht an den Himmel, im Innern bin ich nicht an die Menschen gebunden, und unten hafte ich nicht am Boden – wie kann ich da zum Volke gehören? Wie kann mich da der Kaiser reich und geehrt oder gar arm und verachtet machen?«

In dem Augenblick aber sei es dem Kaiser wie Schuppen von den Augen gefallen, und er habe erkannt, daß er in Ho-schang-gung einen Mann des Geistes vor sich haben müsse. Da soll er seinen Wagen verlassen, sich tief vor ihm verneigt, seine hochfahrenden Worte von vorher bereut und sich bei Ho-schang-gung entschuldigt haben. Dann habe der Kaiser ihm gestanden, daß er sich vor sich selber schäme, weil er, obgleich er die Geschäfte der Welt leite, darüber das eigentlich Große vernachlässigt habe und von ihm nur wenig wisse und schlecht beraten dastehe. Denn, obschon er den rechten Weg und die rechte Gesinnung von Herzen achte, sei ihm doch manches von dem, was Lau Dse darüber sage, unverständlich geblieben. Während er so sprach, sei es dann langsam Abend geworden, und der Kaiser habe bedrückt dagestanden und zum stillen Glanze des Mondes aufgeblickt.

Als Ho-schang-gung den Kaiser so dastehen sah, habe er sich schließlich überwunden und ihn in die Lehren des Lau Dse eingeführt. Anschließend soll er dem Kaiser dann noch jene Ausgabe des Dau Dö Djing überreicht haben, die er selber in 81 Sprüche und zwei Bücher eingeteilt und Satz für Satz kommentiert hatte; und der Kaiser soll sie, wie Go Hüan berichtet, kniend entgegengenommen haben.

Nach dem Besuch bei Ho-schang-gung soll Hiau Wen Di sich dann voller Hingabe in die Worte des Lau Dse vertieft haben und ein leidenschaftlicher Anhänger des Dauismus geworden sein. Auch wird die schlichte und friedvolle Regierungsweise, die der Kaiser während der Zeit seiner Herrschaft geübt habe und die dem Han-Reich Wohlstand und Blüte bescherte, auf sein Bestreben zurückgeführt, die Lehren des Lau Dse bei der Leitung des Reiches in die Tat umzusetzen. Sein Sohn, der von 156 bis 140 v. Chr. als Kaiser Djing Di regierte und dabei den Fußstapfen seines Vaters folgte, soll ebenfalls ein großer Freund der dauistischen Mystik gewesen sein; von ihm soll das Buch des Lau Dse denn auch den Titel erhalten haben, der ihm bis heute blieb: Dau Dö Djing oder »Das Buch vom rechten Wege und von der rechten Gesinnung«.

Der nächste Kommentar zu den Sprüchen des Lau Dse, der uns überliefert ist, wurde von dem hochbegabten, bereits im Alter von 23 Jahren verstorbenen Gelehrten Wang Bi (226–249 n. Chr.) verfaßt, der auch einen Kommentar zu den Gesprächen des Kung Dse, den Lun Yü, geschrieben hat und, obwohl von Hause aus Konfuzianer, dennoch der dauistischen Mystik zugetan war. Die Textfassung, die er seinem Kommentar zugrunde legte, weicht nur wenig von der des Ho-schang-gung ab und behält auch dessen Einteilung in zwei Bücher und 81 Sprüche bei; doch fehlen ihr die dem Ho-schang-gung zugeschriebenen Überschriften zu den einzelnen Sprüchen. Sie gilt bis heute als die zuverlässigste und brauchbarste der uns verbliebenen Textversionen.

Zu dieser Textfassung des Wang Bi schrieb dann zu Beginn der Tang-Zeit Lu Dö-ming (564–634 n. Chr.) eine Reihe philologischer Glossen, die sich mit der Erklärung der in den Sprüchen des Lau Dse vorkommenden Archaismen und Dialektwörter befaßt und darum für die Deutung einer Anzahl schwieriger Textstellen von Wert ist.

Während der Zeit der Tang-Dynastie (618–907 n. Chr.) wurde der Text des Dau Dö Djing auch in dem einen oder anderen der dauistischen Klöster, die unter dem Einfluß des sich seit dem zweiten Jahrhundert n. Chr. in China mehr und mehr ausbreitenden Buddhismus entstanden waren, gemäß einer alten chinesischen Gepflogenheit auf Steinstelen gemeißelt. Die ersten dieser Stelen wurden unter dem Tang-Kaiser Dschung Dsung (705–710 n. Chr.) im Kloster Lung-hing im Regierungsbezirk I-dschou im Jahre 708 errichtet; sie bewahren uns die älteste, noch wirklich existierende Lesart des Dau Dö Djing, die – im Gegensatz zu der von Ho-schang-gung und Wang Bi überlieferten – den Gesamttext in 64 Sprüche einteilt. Dreißig Jahre später wurden unter der Herrschaft des chinesischen »Sonnenkönigs« Hüan Dsung (713–756 n. Chr.) die sogenannten Kai-yüan-Stelen gemeißelt und in I-dschou aufgestellt, die außer dem Text noch den auf Befehl dieses Kaisers angefertigten Kai-yüan-Kommentar enthalten. Bald danach wurden im Kloster Lung-hing des Regierungsbezirkes Sui-dschou ähnliche Textstelen errichtet, die aber seit langem verloren sind. Ihnen folgten die Stelen des Klosters Gu-lo in den Dsung-nan-Bergen und im Jahre 893 unter der Herrschaft des

Tang-Kaisers Dschau Dsung (889–904 n. Chr.) die sogenannten Djing-fu-Stelen. In den darauffolgenden Jahrhunderten wurden dann noch mehrmals solche Textstelen errichtet, wie z. B. die während der durch Dschingis Khan gegründeten Yüan-Dynastie (1266–1368 n. Chr.) im Jahre 1316 von Dschu Möng-fu gemeißelten.

Überdies wurde der Text im Verlaufe der Jahrhunderte dann noch von einer ganzen Anzahl chinesischer Gelehrter als Buch neu herausgegeben und dabei sowohl kommentiert wie emendiert. So wurde er z. B. zur Zeit der Yüan-Dynastie unter dem Mongolenkaiser Schun Di (1333–1368 n. Chr.) von Wu Dschöng (1280 bis 1367) neu herausgebracht und erläutert und dabei unter Wahrung der herkömmlichen Textabfolge in 68 Sprüche eingeteilt. Dieser Einteilung folgt z. B. auch die Neuausgabe, die Wei Yüan (1794 bis 1856) während der Mandschu- oder Tsin-Dynastie (1644–1911) von ihm veranstaltet hat; sie verzeichnet auch die meisten seiner Lesarten, die sich mit der Zeit ergeben hatten, wie sämtliche Emendationsvorschläge, die bis dahin von den chinesischen Gelehrten zu ihm gemacht worden sind.

In den letzten Jahrzehnten versuchten dann sowohl chinesische als auch westliche Gelehrte, den gesamten Text des Dau Dö Djing mit Hilfe der modernen Textkritik völlig neu aufzugliedern und entsprechend den dabei gewonnenen Gesichtspunkten umzustellen und so von Grund auf zu rekonstruieren. In China selbst geschah dies in sehr radikaler Weise durch Ma Hü-lun in seinem Lau-dse Ho-gu (1924) und durch Yang Gia-lo in seinem Lau Dse (1957), der den ganzen Text in 180 kleine Abschnitte zerlegte und diese dann wieder in vierzehn neue Kapitel zusammenfaßte. Unter den westlichen Gelehrten war es vor allem der holländische Sinologe J. J. L. Duyvendak, der sich – und zwar im Gefolge von Ma Hü-lun, wenn auch weniger radikal als dieser – in seinem Tao Te Ching oder *The Book of the Way and Its Virtue* (1954) darum bemüht hat, die überlieferte Textabfolge kritisch zu sichten und dementsprechend neu zu ordnen.

Da aber diese Versuche, die herkömmliche Textabfolge durch eine vermeintlich ursprüngliche zu ersetzen, bisher nur zu recht unterschiedlichen Ergebnissen geführt haben, fehlt es ihnen nicht nur an der nötigen Überzeugungskraft, sondern auch an der erforderlichen Allgemeinverbindlichkeit. Zudem sind die Gründe, die von den einzelnen Kritikern gegen die herkömmliche Textabfolge und für ihre eigene Textrekonstruktion vorgebracht werden, durchaus nicht immer schlüssig.

So meint zum Beispiel Duyvendak, weil sich – und das in einem so kurzen Werk wie dem Dau Dö Djing – einige seiner Sätze in dem einen oder anderen Spruche wiederholen, müsse sein ursprünglicher Textbestand einmal anders ausgesehen haben und dann zu irgendeinem Zeitpunkt durcheinandergeraten sein. Dem läßt sich allerdings entgegenhalten, daß bei der aphoristischen Darstellungsweise, die Lau Dse für die Verlautbarung seiner Gedanken benutzt, diese Wiederholungen sehr wohl als ein bewußt gewähltes Stilmittel betrachtet werden können, zumal sie durchweg am rechten Platz und damit sinnvoll sind. Außerdem war die Wiederholung derselben Ausdrücke und Sätze als stilistisches Mittel bereits lange vor der Zeit des Lau Dse vom Buch der Wandlungen her bekannt, wo sie mit vollem Bedacht und unnachahmlicher Virtuosität gehandhabt worden ist, um dessen so tiefsinniges wie schwieriges Gedankengut in Worte zu fassen.

Auch das andere Argument, das Duyvendak zur Stützung seines Versuches, die überlieferte Textabfolge des Dau Dö Djing neu zu ordnen, anführt, ist an Voraussetzungen geknüpft, die fragwürdig sind. Danach sollen, da die chinesischen Bücher vor der Erfindung des Papiers im Jahre 105 n. Chr. zumeist auf Holz- oder Bambusstreifen geschrieben worden sind, die dann durch eine Schnur zusammengehalten wurden, diese einzelnen Streifen, wenn die Schnur eines solchen Buches einmal riß, beim späteren Wiederzusammenbinden durcheinandergekommen sein. Dazu müßten jedoch erstens die betreffenden Holz- oder Bambusstreifen ohne jede Kennzeichnung ihrer Reihenfolge gewesen sein; zweitens müßte der Besitzer eines solchen Buches, falls diese Kennzeichnung wirklich gefehlt haben sollte, die einstige Textabfolge völlig vergessen und mithin die Reihenfolge der einzelnen Streifen nicht mehr gekannt haben; drittens aber müßte jeder der Holz- oder Bambusstreifen genauso viele chinesische Schriftzeichen getragen haben wie die Textstelle, die angeblich umgestellt wurde. – Selbst wenn man einräumt, daß die beiden ersten Fälle durchaus im Bereich des Möglichen liegen, so dürfte der letzte Fall doch wohl unwahrscheinlich sein.

Doch ungeachtet der über dreihundert Lesarten, die sich im Laufe der zweieinhalb Jahrtausende, die das Dau Dö Djing nun alt ist, durch die mündliche Überlieferung ebenso wie durch das ständig erneuerte Abschreiben und Nachdrucken ergeben haben, und ungeachtet der zahlreichen Emendationsvorschläge, die zu der einen oder anderen fragwürdigen Textstelle gemacht worden sind, wie auch der verschiedenen Versuche, die herkömmliche Textabfolge neu zu ordnen, blieb die Lehre, die Lau Dse uns in den 81 Sprüchen seines kleinen Buches zu verkünden trachtet, im wesentlichen unberührt: nämlich die Lehre vom rechten Wege (dau) und von der rechten Gesinnung (dö).

Nach dieser Lehre gibt es in der Welt ein Etwas, das mit seinem kraftvollen Wirken sowohl Himmel und Erde als auch all ihre Geschöpfe in jedem Augenblick ihres Daseins durchdringt und so den ihnen vorbestimmten Gang gehen läßt. Dies Etwas aber läßt sich, wenn man nach ihm blickt, nicht sehen, wenn man nach ihm lauscht, nicht hören, und wenn man nach ihm greift, nicht fassen, und ist so das Schlichte, Seltene und Feine, das urtümlich Eine, das sich nicht fragend auseinanderfalten läßt, sondern sich in Unfaßbarkeit und Unbegreiflichkeit hüllt und auf diese Weise jeder Nennbarkeit entzieht.

Sucht man seinem kraftvollen Wirken einen Namen zu geben, so offenbart es sich als groß, und hält man es für groß, dann zeigt es sich als vergehend. Als Vergehendes aber erweist es sich als das, was sich dauernd entfernt, und als Sichentfernendes enthüllt es sich als das, was sich beständig wieder umwendet und so in sich selbst zurückkehrt. Durch dies beständige Wiederumwenden geht es unablässig kreisend seinen Gang und steht als das im steten Kreislauf undurchschaubar Sichvollendende allein und unvergleichlich in der Welt da.

Für dieses Etwas, das mit seinem unvergleichlichen Wirken alle Welt und Kreatur geheimnisvoll erfüllt und sie von einem Augenblick zum andern kreisend seinen Gang gehen heißt, weiß Lau Dse keinen Namen. Um es aber irgendwie zu benennen, bezeichnet er es mit dem chinesischen Schriftzeichen »dau« als den rechten Weg.

Da dieses Etwas, das Lau Dse behelfsweise den rechten Weg

nennt, all und jedem Geschehen in der Welt, sei es groß oder klein, zugrunde liegt, zeichnet es als unwandelbar Kreisendes von Tag zu Tag und Jahr zu Jahr sogar dem gestirnten Himmel seine Bahn vor und ist somit als dessen Vorfahr anzusehen. Und weil alle Kreatur auf Erden in ihrem Sichentfalten und -vollenden dem Lauf des Himmels folgt, ist dieses Etwas damit auch der Ahn der abertausend Geschöpfe.

Als dieser Ahn aber ist es der unnennbare Geist der Quellgründe, aus dem alles Leben quillt und ununterbrochen sich speist. Und so heißt es denn von ihm:

»Unbegreiflich, o, unfaßlich, o,
  sind in seinem Innern Bilder . . .
Unfaßlich, o, unbegreiflich, o,
  sind in seinem Innern Wesen . . .
Verborgen, o, unergründlich, o,
  sind in seinem Innern Keime . . .«

Und weil es, als Urquell alles Geschehens, die Keime aller Wesen und ihrer Bilder in sich birgt, kann es auch als Mutter der Welt angesehen werden und ist somit das urtümlich Weibliche, das aus seiner unergründlichen Pforte alle Kreatur entläßt.

Durch diese Pforte des urtümlich Weiblichen kehrt aber auch alle Kreatur, gemäß dem rechten Wege, der sie durchdringt, stets wieder in den Schoß des Urbeginns zurück. Denn der rechte Weg, als das unfaßbar Urbeginnliche, schafft nicht nur die abertausend Geschöpfe, sondern er

»läßt sie wachsen und nährt sie,
  schirmt sie und haßt sie,
  erhält sie und zerstört sie«

und ist also nicht allein das rastlose Werden, sondern auch das unaufhaltsame Vergehen und somit nichts anderes als das eherne Gesetz des kreisend wieder in sich zurückkehrenden Ganges der Schöpfung.

Als unaufhörliches Werden und Vergehen ist der rechte Weg das alle Dinge fortgesetzt Wandelnde, und es wird durch ihn aus

Sommer Winter, aus Tag Nacht, aus Leben Tod und aus Freude Trauer – wie auch umgekehrt. Diesem steten Wandel ihres Daseins unterliegen durch ihn alle Geschöpfe dieser Erde, denn

»bald mindert er sie,
und das mehrt sie,
bald mehrt er sie,
und das mindert sie.«

Deswegen ist dem rechten Wege auch der Gegensatz der Antrieb, der ihn immer wieder zur höchsten Nachgiebigkeit gegenüber dem Entgegengesetzten bewegt, und diese Nachgiebigkeit das Mittel, mit dem er sich stets von neuem in der Welt durchsetzt, wodurch er sein ewiges Gesetz andauernder Wandlung (i) aufrechterhält und ihm allgemeine Geltung verschafft. Denn durch den rechten Weg der unausgesetzten Wandlung, der »abgründig ist, oh, wie der abertausend Geschöpfe Ahn«,

»dämpft er ihren Eifer,
löst er ihre Wirrsal,
mildert er ihr Glänzen
und vereint sie ihrem Staube.«

Als das alle Dinge unaufhörlich Wandelnde aber ist der rechte Weg das einzige in der Welt, das sich nicht wandelt, und er wird demgemäß als das Eine bezeichnet, zumal er immer wieder nur sich selbst, nämlich das eine schafft: das in allen Geschöpfen unwandelbar waltende Werden und Vergehen.

Darum wird der rechte Weg bei Lau Dse auch, und zwar gemäß einer uralten Überlieferung, die uns das bereits erwähnte Buch der Wandlungen (I Djing) bewahrt hat, durch die Eins versinnbildlicht. Tritt dies Eine jedoch in Erscheinung, so entzweit es sich und bildet alsdann das Urpaar von Himmel und Erde, wobei, entsprechend dieser Überlieferung, die Erde durch die gerade und deshalb als weiblich gedachte Zahl der Zwei und der Himmel durch die ungerade und deshalb als männlich gedachte Zahl der Drei versinnbildlicht werden. Das Urpaar von Himmel und Erde aber schafft die abertausend Geschöpfe, indem der Himmel sie zeugt und die Erde sie gebiert. Darum heißt es bei Lau Dse:

»Der rechte Weg schafft das Eine,
das Eine schafft die Zwei,
die Zwei schafft die Drei:
die Drei aber schafft
die abertausend Geschöpfe.«

Nach dieser Kosmologie vertritt nun die Erde die Macht des stets gebärenden Dunklen (yin) und der Himmel die des fortwährend zeugenden Lichten (yang); dabei entspricht das gebärende Dunkel der Erde dem Vergehen und das zeugende Lichte des Himmels dem Werden. Der rechte Weg aber, von dem, als dem urtümlich Einen, das gebärende Dunkel wie das zeugende Lichte nur zwei Seiten sind, führt diese beiden Mächte durch die geisterhafte Kraft (ki) seiner unfaßbaren Leere unverwandt wieder im Einklang des Zeugungsaktes zusammen und schafft dadurch im stets sich rundenden Gang des Jahres und seiner vier Jahreszeiten die abertausend Geschöpfe.

Durch ihren Ursprung aus dem Schöpfungsakt, den der rechte Weg ständig zwischen Himmel und Erde stiftet, hat jede Kreatur im Lichte des Werdens am Dunkel des Vergehens teil, weshalb Lau Dse sagt:

»Die abertausend Geschöpfe jedoch,
sie kehren dem Dunkel den Rücken
und umarmen das Lichte:
die Geisterkraft der Leere aber
macht daraus den Einklang.«

Die Geisterkraft aber, der es bedarf, um Himmel und Erde trotz ihrer Wesensgegensätzlichkeit im kosmischen Schöpfungsakt zum Einklang zu bringen und so immer wieder miteinander zu vereinigen, fließt dem rechten Wege aus einer Innerlichkeit zu, die jeder selbstischen Regung bar ist und deshalb nichts anderes als das völlige Leersein von allen eigennützigen Wünschen und Begierden darstellt und die sich, dank dieser umfassenden Leere, als unausschöpfbar erweist und darum nicht erfüllen läßt. Denn:

»Der rechte Weg ist leer:
doch braucht man ihn,
so ist er wahrscheinlich nicht zu erfüllen.«

Dies gänzliche Leersein von jedwedem eigennützigen Streben befähigt den rechten Weg dazu, alle Kreatur zwischen Himmel und Erde in sich aufzunehmen und sich ihr in vollkommener Selbstlosigkeit hinzugeben. Nämlich:

»Der große Weg verströmt sich, ach:
er kann zur Linken sein wie zur Rechten –«

Und weil er infolge seiner vollkommenen Selbstlosigkeit sowohl zur Linken als auch zur Rechten sein kann und mithin so allumfassend wie allgegenwärtig ist, besitzt er die Fähigkeit, in der grenzenlosen Weite seines Innern all und jeden Gegensatz mühelos zu vereinen und aufzuheben. Aus diesem Grunde scheint er auf den ersten Blick auch nicht sich selbst zu ähneln und ist dergestalt der lebendige Selbstwiderspruch, wozu Lau Dse bemerkt:

»Auf der Welt meint ein jeder,
mein Weg sei zwar groß,
scheine aber nicht sich selber zu ähneln.
Doch nur, weil er groß ist,
deshalb scheint er nicht sich selber zu ähneln:
ähnelte er sich nämlich dauernd,
er wäre armselig!«

Denn seine Größe besteht doch gerade darin, daß er in der Leere (tschung) seines Innern alle Widersprüche der Kreatur zu vereinen weiß und somit als der Zusammenfall der Gegensätze jederzeit dunkel und hell, Nacht und Tag, alt und jung, Tod und Leben zugleich ist, so daß von ihm gesagt werden kann:

»Sein Oben ist nicht gleißend,
sein Unten ist nicht düster
– und so fort und fort –,
daß man es nicht nennen kann.«

Infolgedessen wird der rechte Weg von Lau Dse auch als das reine Nichts (wu) bezeichnet, das auf Grund seiner namenlosen Leere nicht nur alle Dinge mitsamt ihren Gegensätzen in sich aufnimmt, sondern sich ihnen auch, indem es sie in sich aufnimmt, ganz und gar hingibt und ihnen somit völlig selbstlos dient. Dabei geht es dem Nichts – im Gegensatz zum Sein, das allemal nur von sich selbst erfüllt ist und deshalb nach seinem Vorteil trachtet – einzig und allein darum, daß es für jedes Ding vollkommen angemessen und brauchbar ist. Denn

> »des Seins Absicht ist der Vorteil,
> des Nichts Absicht die Brauchbarkeit«.

Um diese Brauchbarkeit der vollendeten Leere des Nichts sinnfällig zu machen, führt Lau Dse folgende drei Beispiele an:

> »Dreißig Speichen vereinigen sich zu einer Nabe:
> Die Angemessenheit ihres Nichts
> ist des Wagens Brauchbarkeit;
> man knetet den Ton im Hinblick auf den Topf:
> Die Angemessenheit seines Nichts
> ist des Topfes Brauchbarkeit;
> man stemmt Tür und Fenster aus im Hinblick auf das Haus:
> Die Angemessenheit ihres Nichts
> ist des Hauses Brauchbarkeit.«

Mithin gewinnt der Wagen seine Brauchbarkeit erst dadurch, daß sich die Speichen seines Rades zu dem ihm angemessenen Nichts der Leere seiner Nabe zusammenfügen, der Topf erst dadurch, daß sein Ton zu dem ihm angemessenen Nichts der Leere seines Hohlraums geknetet wird, und das Haus erst dadurch, daß in seine Wände das ihm angemessene Nichts der Leere seiner Fenster und Türen gestemmt wird.

Wie die drei Beispiele zeigen, beruht die Brauchbarkeit einer Sache allemal darauf, daß ihr Nichts ihrem Sein buchstäblich angemessen ist. Solche Angemessenheit ist dem Nichts aber nur deshalb eigen, weil es infolge seiner vollkommenen Leere in jedes vorhandene Sein widerstandslos einzudringen weiß und dieses restlos auszufüllen vermag. Dabei entfaltet das Nichts eine so unüberbietbare Weichheit und Nachgiebigkeit, daß ihm schließlich jedes Sein erliegt. Denn:

»Der Welt Allerweichstes ereilt und überholt
der Welt Allerhärtestes:
Das Nichts und das Sein durchdringen sich
ohne Zwischenraum.«

Genauso beruht auch die Brauchbarkeit des rechten Weges auf einem Wirken, das – als das reine Nichts – all und jedes Sein mit unerschöpflicher Nachgiebigkeit durchdringt und erfüllt. Nämlich:

»Der rechte Weg ist in der Welt
wie die Flüsse und Bäche in Strömen und Meeren.«

Die Fähigkeit aber, alles, was ist, mit seinem Wirken zu durchdringen, eignet dem rechten Wege, weil er, wenn er als Werden und Vergehen in Erscheinung tritt, sich stets im Gegensatz bewegt und dies ihn immer wieder dazu antreibt, jeden Gegensatz mit grenzenloser Nachgiebigkeit in die Leere seines Innern aufzunehmen und damit zu überwinden, um so für alle Welt als rechter Weg brauchbar zu sein. Daher:

»Gegensatz ist dem rechten Wege der Antrieb,
Nachgiebigkeit ist dem rechten Wege das Mittel.«

Und so ist es denn das dauernd auf sich selbst bedachte Sein, von dem alle Kreatur lebt; aber es ist das unverwandt selbstlose Nichts mit seiner Nachgiebigkeit, von dem das Dasein aller Kreatur erst die Brauchbarkeit und damit seinen Sinn, das heißt sein eigentliches Leben, empfängt:

»Die Welt der abertausend Geschöpfe lebt vom Sein,
das Sein aber lebt vom Nichts.«

Obwohl der rechte Weg das Dasein der abertausend Geschöpfe beständig mit seinem Wirken durchdringt und erfüllt, liegt ihm dennoch jedwedes eigene Wollen und Streben gänzlich fern, und er verharrt deshalb in der Haltung der völligen Tatlosigkeit (wu wei):

»Der rechte Weg ist beständig tatlos,
und dabei bleibt nichts ungetan.«

In dieser Haltung völliger Tatlosigkeit, die, obzwar ihr jedes Tun fremd ist, dennoch nichts ungetan läßt, tritt wie in der Nachgiebigkeit nichts anderes als das von allen selbstischen Wünschen und Begierden ledige Innere des rechten Weges zutage und offenbart sich sein vollständiges Wunschlos-Sein. Das vollständige Wunschlos-Sein aber spiegelt schließlich nichts anderes wieder als die unerschöpfliche Selbstlosigkeit, mit der sich der rechte Weg jeder Kreatur annimmt und ihr ebenso lauter wie uneigennützig dient und die deshalb seine innere Größe und Rechtschaffenheit ausmacht. Denn nur

». . . weil er bis zuletzt
das Große nicht für sich selber wirkt,
darum ist er imstande,
seine Größe zu vollenden.«

Somit entspringt also die Größe des rechten Weges der unermüdlichen Lauterkeit und Uneigennützigkeit seines Innern, mit der er all und jeder Kreatur zu nützen und zu dienen bereit ist, und damit der inneren Rechtschaffenheit seiner Selbstlosigkeit: nämlich einer durch nichts zu überbietenden Leere des Herzens.

Diese vollständige Leere des Herzens offenbaren aber auch Himmel und Erde, indem sie dem rechten Wege, als ihrem gemeinsamen Ahn und Vorbilde, bei seinem Werk der pausenlosen Schöpfung der abertausend Geschöpfe im Kreislauf des Jahres unverdrossen folgen: und zwar der Himmel durch uneigennütziges Schaffen und die Erde in selbstloser Hingabe.

Und während sie sich so dem rechten Wege rückhaltlos widmen, um ihn auf diese Weise in sich aufzunehmen und sich zueigen zu machen, wird ihnen dabei unversehens die Gabe zuteil, ewig zu leben. Nämlich:

»Weshalb sind Himmel und Erde imstande,
ewig und überdies dauerhaft zu sein?
Weil sie nicht sich selber leben,
deshalb sind sie imstande, ewig zu leben.«

Besäßen sie hingegen wie der Mensch ein Selbst, und ließen sie sich wie dieser, und sei es auch nur für einen Augenblick, bei ihrem Wirken von irgendwelchen selbstischen Wünschen und Begierden erfüllen und bestimmen, ja, lebten sie etwa nur sich selbst, so gewännen sie nicht das Eine und wären mithin ohne rechten Weg:

»Was aber ohne rechten Weg ist,
das ist bald am Ende.«

Dem Verhängnis, vom rechten Wege abzukommen, ist jedoch nach Lau Dse von allen Geschöpfen in erster Linie der Mensch verfallen, weil er ein Selbst hat, das ihm beständig mit seinen eigenen Wünschen und Begierden in den Ohren liegt und ihn dadurch vom rechten Wege ablenkt. Denn es ist allemal das Selbst, das den Menschen dazu überredet, sich selbst schön zu finden und deshalb zu bewundern, sich selbst für recht zu halten und sich damit zu brüsten. Ja ist es doch das Selbst, das den Menschen dazu verleitet, mit großen Worten um sich zu werfen, als da sind Weisheit und Ruhm, Menschlichkeit und Ehre, Kindespflicht und Elternliebe, und das ihn fortwährend dazu antreibt, sich darob zu ereifern und ihnen voll Geschäftigkeit nachzustreben, um so vom rechten Wege der stets sich selbst verleugnenden Uneigennützigkeit abzuirren. Indem das Selbst es versteht, den Menschen so immer wieder durch die Einflüsterung großer Worte und trügerischer Werte um die namenlose Einfalt des rechten Weges zu bringen und ihn dadurch auf Abwege führt und in die Irre gehen läßt, ist es das große Übel in der Welt. Deshalb sagt Lau Dse von sich selber:

»Ich bin dadurch ein großes Übel,
daß ich ein Selbst habe«,

und stellt sich im gleichen Atemzug die Frage:

». . . erreichte ich die Selbstlosigkeit,
wäre ich da ein Übel?«

Als das große Übel aber weiß das Selbst den Menschen durch seinen Ehrgeiz nach Wissen und Ruhm genauso zu blenden, wie es ihn durch sein Streben nach Macht und Reichtum zu betören vermag, um ihn auf diese Weise in seine selbstischen Wünsche und Begierden derart zu verstricken, daß sein Wollen gemeinhin nur noch dem Überfluß und der Üppigkeit des Lebens gilt und die Seele damit zu Dingen zwingt, die ihr im Grunde fremd sind und weit vom rechten Wege abliegen. Doch

»das Mehren des Lebens nennt man Glück,
Wollen, das sich der Seelenkraft bedient, Stärke.«

Damit, daß er es so nennt, beweist der Mensch noch einmal, wie sehr er den Lockungen und falschen Verheißungen seines Selbst ins Garn gegangen ist, so daß Lau Dse ihm entgegenhält:

»Doch nur, wer sich aus dem Leben nichts macht,
ist würdiger als einer, der vom Leben viel hält.«

Denn das Selbst geht stets darauf aus, den Menschen darin zu bestärken, zu viel von sich und seinem Leben zu halten und deswegen auch zu viel daraus zu machen, so daß er sich schließlich nur noch um sich selber sorgt und damit voll emsiger Geschäftigkeit in den Sielen des Selbst den eigentlichen Sinn seines Lebens verfehlt: nämlich den, seinen Mitmenschen selbstlos in die Leere seines Herzens aufzunehmen, um ihm zu dienen und zu nützen.

Allein, der Mensch schenkt meistens seinem Selbst Gehör und strebt deswegen, fern vom rechten Wege, seinem eigenen Vorteil nach; er kann sich, weil Gewinn und Erfolg ihn in diesem Streben noch bestärken, nicht genug darin tun. Und doch gibt es

»kein größeres Elend
als das Nichtwissen vom Sichbegnügen,
kein größeres Verbrechen
als das Begehren nach Gewinn«,

zumal das nicht Wissen um das Sichbegnügen ebenso wie das beharrliche Streben nach Gewinn und Erfolg zu guter Letzt den Menschen noch dazu bringen, nicht einmal mehr den Tod oder das Ergreifen der Waffe zu fürchten.

So sieht denn Lau Dse die Menschen seiner Zeit – und nicht nur seiner Zeit – von den Netzen, welche die Begehrlichkeit ihres Selbst nach ihnen auswirft, umgarnt und klagt:

»Der große Weg ist sehr eben –
  und dennoch liebt das Volk die Abwege:
die Höfe sehr gefegt
  und die Felder voll Unkraut,
die Scheunen recht leer
  und die Kleider fein bunt,
im Gürtel den scharfen Dolch
  und übersatt von Trank und Speise,
reich an Hab und Gut
  und das im Überfluß:
Das ist es, womit Räuber sich brüsten,
  und glatt der falsche Weg!«

Daß das Volk die Abwege liebt und deswegen auf den falschen Weg gerät, ist aber nicht sein Verschulden, sondern, genau betrachtet, vor allem die Schuld seiner herrschenden Schichten, weil sie ihm darin meist mit schlechtem Beispiel vorangehen. Sind es doch seine Oberen, die, da sie unverwandt nach des Lebens Üppigkeit trachten, allzuviel von seinem Zehnten verschlingen, deshalb ständig etwas zu tun haben und sich infolgedessen viel zu wenig um das ihnen anvertraute Volk kümmern. Auch schenken sie allem, was man nur begehren kann, Beachtung und preisen dem Volk viel zu viele Dinge an, die es nur schwer auf redlichem Weg erwerben kann; ja ziehen sie doch meist nur solche Leute in ihr Vertrauen, die sie nach ihrem geistigen Maß und Urteil für befähigt halten, um sie am Ende gar noch zu feiern; weshalb Lau Dse ihnen zuruft:

»Nicht feiern die Befähigten,
  das macht, daß die Leute sich nicht streiten;
nicht preisen schwer zu erlangende Güter,

das macht, daß die Leute nicht räubern;
nicht beachten, was man begehren könnte,
das macht, daß der Leute Herz sich nicht verwirrt.«

Statt also das Volk durch zahllose Begierden und Bedürfnisse zu verwirren und durch eine vielfältige Geschäftigkeit andauernd zu beunruhigen, wäre es für seine Oberen besser, sich jeder Betriebsamkeit im Dienste eitler Wünsche und Begierden zu entschlagen und dem Volk in stiller Schlichtheit die völlige Wunschlosigkeit des rechten Weges vorzuleben. Doch ziehen seine Oberen es im allgemeinen vor, ihm mit Gesetzen und Verboten zu kommen, um es durch sie mit viel Klugheit und Scharfsinn zu regieren und am Ende gar zu tyrannisieren. Da ist es denn kein Wunder, daß sich das Volk versucht fühlt, durch die Maschen der ihm auferlegten Gesetze und Verbote zu schlüpfen, um sich dem von ihm als lästig empfundenen Zugriff seiner Oberen zu entziehen, und daß es sich schließlich, weil es Klugheit und Scharfsinn leicht für Zeichen von Falschheit und Unaufrichtigkeit nimmt, nur schwer leiten läßt. Deshalb sind seine Oberen auch schlecht beraten, wenn sie sich unterfangen, das Reich mit der Klugheit und Findigkeit ihres Selbst und seinem beharrlichen Streben nach Gewinn und Erfolg zu leiten. Denn

»mit Klugheit das Reich zu leiten,
das ist des Reiches Ruin,
nicht mit Klugheit das Reich zu leiten,
das ist des Reiches Glück.«

Vielmehr wäre es für die Oberen ratsam, dem Volk seine ursprüngliche Naivität und Unbefangenheit zu lassen und, wie es einst die weisen Herrscher des chinesischen Altertums zu tun pflegten, einzig und allein dafür zu sorgen, daß es in schlichter Einfalt immerzu dem rechten Wege folgt; dadurch bliebe ihm das erhalten, was ihm, weitab von aller nichtigen Begehrlichkeit, immerdar Genüge tut: nämlich die urtümlich rechte Gesinnung (dö) einer unbeschwerten Wunschlosigkeit der Leere des Herzens.

Daher besteht die Fürsorge eines weisen Herrschers vornehmlich darin, dem Volk das Herz zu leeren und den Bauch zu füllen, seinen

Ehrgeiz zu schwächen und ihm die Knochen zu stärken; sie sorgt überdies beständig dafür,

»daß die Leute unwissend und wunschlos sind,
und sorgt dafür,
daß die, welche wissen, nicht zu handeln wagen:
sie handelt, ohne zu handeln,
und nichts ist nicht besorgt.«

Und darum sagt sich ein solcher Weiser:

»Ich bin tatlos,
und das Volk bildet sich wie von selbst,
ich liebe die Stille,
und das Volk wird wie von selbst recht,
in bin ungeschäftig,
und das Volk wird wie von selbst reich,
ich bin wunschlos,
und das Volk wird wie von selbst schlicht.«

Solche Haltung einer völlig uneigennützigen Fürsorge für das Volk ist jedoch unter seinen Oberen nur selten anzutreffen, denn

»beim Leiten der Leute
im Dienste des Himmels
ist niemand wie beim Ährenlesen.

Doch nur beim Ährenlesen,
da heißt es, von frühauf sich beugen;
von frühauf sich beugen,
das heißt aber, es schwernehmen
mit dem Aufhäufen der rechten Gesinnung.«

Damit aber die rechte Gesinnung beim Volk überhaupt Eingang findet, müßten seine Oberen erst einmal selbst danach streben, sie in sich zu hegen und zu pflegen. Denn nur, wenn seine Oberen dazu bereit sind, ihr in sich selber Raum zu geben und sie an sich selbst zu verwirklichen, dann wird sie sich, weil sich das Volk stets nach dem Vorbild seiner Oberen zu richten pflegt, auch von Tag zu Tag immer mehr unter ihm ausbreiten, um so Schritt für Schritt das ganze Land zu ergreifen, ja endlich alle Welt zu erfassen. Nämlich:

»Pflegt man sie an sich selbst,
dann gibt solche Gesinnung Echtheit,
pflegt man sie im Hause,
dann gibt solche Gesinnung Überfluß,
pflegt man sie im Dorfe,
dann gibt solche Gesinnung Gedeihen,
pflegt man sie im Lande,
dann gibt solche Gesinnung Fülle,
pflegt man sie in der Welt,
dann ist solche Gesinnung das Allgemeine.«

Nach dieser altüberkommenen Auffassung, die wie ein roter Faden bereits das ganze Buch der Wandlungen durchzieht und noch bis vor kurzem bei den Gebildeten Chinas allgemein in Geltung war, beginnt alle rechte Gesinnung damit, daß der einzelne sie zuerst bei sich selbst verwirklicht, um dann – und zwar durch das leibhaftige Beispiel, das er dem Volk damit gibt – allmählich Anklang und Nachfolge zu finden und sie so im ganzen Lande zu verbreiten. Deshalb fordert Lau Dse von jedem einzelnen Oberen:

»Darum mach, daß es etwas gibt, dem man anhängt:
offenbare Einfachheit
und hege Schlichtheit,
verringere die Selbstsucht
und vermindere die Begierden.«

Dabei besteht die rechte Gesinnung für den Einzelnen im Grunde nur darin, daß er sich in aller Redlichkeit ganz und gar dem rechten Wege widmet:

»Der aufrichtigen Gesinnung Haltung ist,
nur dem rechten Wege ganz zu folgen –«

Um sich dem rechten Wege aber voll und ganz widmen zu können, muß er all das fahrenlassen, was das Herz zu betören und zu verwirren vermag. Denn:

»Die fünf Farben bescheren
  dem menschlichen Auge Blindheit,
die fünf Töne bescheren
  dem menschlichen Ohre Taubheit,
die fünf Würze bescheren
  dem menschlichen Munde Schalheit,
das Rennen und Jagen beschert
  dem menschlichen Herzen Ausbrüche des Rasens,
schwer zu erlangende Güter bescheren
  dem menschlichen Wandel Drangsal.«

Ebenso wie vor dem Übermaß sinnlicher Eindrücke und den ihnen zumeist auf dem Fuße folgenden Begierden hat sich der Mensch aber auch vor der unersättlichen Wißbegier seines Selbst und dem unaufhörlichen Lernen zu hüten, weil er durch sie unversehens in die Fesseln einer unablässigen Betriebsamkeit im Dienste der Vielwisserei geschlagen wird und so nur immer weiter vom rechten Wege des Wunschlos-Seins und der Stille der Ungeschäftigkeit abkommt. Aus diesem Grunde rät Lau Dse auch von dem beständigen Streben nach unnützem Wissen mit den folgenden Worten ab:

»Übt man das Lernen,
  so nimmt man täglich zu,
übt man den rechten Weg,
  so nimmt man täglich ab:
Man nimmt ab und immer weiter ab
  und kommt so zur Tatlosigkeit:
Man tut nichts,
  und dabei ist nichts nicht getan.«

Danach ist das einzige, wonach die rechte Gesinnung zu trachten hat, um über kurz oder lang wieder auf den rechten Weg zurückzufinden und mit ihm eins zu werden, das vollständige Leersein

des Innern von allem, womit das Selbst den Menschen zu betören und zu blenden pflegt. Verleiht doch erst das Ledigsein des Herzens von allen selbstverhafteten Wünschen und Begierden die Fähigkeit, sich aller Kreatur ganz zu öffnen und hinzugeben, um schließlich etwas von ihrem urtümlichen Wesen als Gegengabe zu empfangen.
Deshalb mahnt Lau Dse:

»Treibe das Leersein bis zum Äußersten
und bewahre die Stille unerschütterlich:
die abertausend Geschöpfe ringsum entfalten sich,
und ich schaue also ihre Wiederkehr –«

Während man sich in der rechten Gesinnung des ständigen Nichtbegehrens nun der Kreatur völlig selbstlos und selbstvergessen hingibt, kehren nicht nur alle Geschöpfe wieder zu ihrem eigentlichen Wesen als ihrer ursprünglichen Bestimmung zurück, sondern sie offenbaren dem ledigen Herzen auch das von Anfang an in ihnen waltende Beständige: nämlich das Geheimnis des rechten Weges und damit das Geheimnis vom Werden und Vergehen ihres urtümlichen Bildes.

Verharrte man hingegen im Begehren und dem aus ihm entspringenden Streben nach der Tat, so sähe man in aller Kreatur nichts weiter als das vom eigenen Selbst zum Zweck der Tat Gewünschte; und man stieße dabei im Handumdrehen auf jene Grenzen, die dem eigenen Selbst durch das Unvermögen, mehr als sich selbst zu begreifen, ein für allemal gesetzt sind. Überdies zeigten sich einem im selben Augenblick auch die Grenzen, die alle Kreatur um sich zu ziehen pflegt, um sich vor ihrem Widerpart, nämlich dem Selbst mit seinem harten Zugriff, in den Bereich der Namenlosigkeit zu flüchten und damit nichts von dem Geheimnis des rechten Weges als dem Quellgrund ihres Daseins preiszugeben. Denn

»das beständige Nichtbegehren
führt zum Betrachten seiner Geheimnisse,
das beständige Begehren
führt zum Betrachten seiner Grenzen.«

Trachtete man jedoch stets und ständig nach einem von jedwedem Begehren ledigen Herzen mit seiner stillen Muße, so widerführe einem, und zwar mit dem Dahinschwinden aller selbstischen Wünsche und Begierden, eines Tages die Krönung dieser rechten Gesinnung im Untergang des Selbst und in der aus diesem Untergang erblühenden Einswerdung mit dem rechten Wege in der Schau des urtümlichen Wesens aller Kreatur.
Nämlich

»alsdann kehren die Geschöpfe, die zahlreichen,
   alle wieder heim zu ihrer Wurzel:
Die Heimkehr zur Wurzel aber nennt man Stille,
   das ist die Rückkehr der Bestimmung;
die Rückkehr der Bestimmung nennt man das Beständige,
   das Wissen vom Beständigen nennt man Erleuchtung.«

Das, was sich dem so Begnadeten im Augenblick der Erleuchtung als die beständige Bestimmung aller Kreatur offenbart, läßt sich nicht in Worte fassen, weil es – als der rechte Weg des unwandelbaren Werdens und Vergehens – für das menschliche Begreifen ein steter Widerspruch der Gegensätze ist, der sich jedem Namen entzieht.
Denn

»der Weg, der zeigbar,
   ist nicht der beständige Weg,
der Name, der nennbar,
   ist nicht der beständige Name . . .«,

und das, weil der rechte Weg als das alle Kreatur ständig Wandelnde in jedem Augenblick sowohl Ende wie Anfang und damit Tod und Leben in eins schürzt und als das unauflösbare Ineinander des immer ureinen Werdens und Vergehens sich keinem beständigen Namen fügt.

Die beiden Seiten der immerdar namenlosen Zwiegesichtigkeit des rechten Weges aber, als der sich stets im Gegensatz vollziehenden Wandlung, nämlich Sein und Nichts, Licht und Dunkel, Werden und Vergehen wie Leben und Tod,

»diese beiden treten in eins hervor
und sind dabei verschiedenen Namens ...«

Und daß sie in eins hervortreten, ist am rechten Wege das Unfaßbare und Unbegreifliche und deshalb ewig Geheimnisvolle, weshalb es heißt:

»Das Ineinssein – man nennt es das Urtümliche,
des Urtümlichen Urtümlichstes:
aller Geheimnisse Pforte.«

Wer aber die Pforte zu allen Geheimnissen im Augenblick der Erleuchtung durchschritt, dem wurde damit nicht nur offenbar, daß der alle Gegensätze in sich bergende rechte Weg der unsterbliche Geist der Quellgründe ist; der mit seinem unablässigen Stirb und Werde ihn selbst wie alle Kreatur durchwaltet; es enthüllte sich ihm damit auch der rechte Weg als die große Mutter allen Daseins und folglich seine eigene Herkunft und Sohnschaft. Doch

»hat man seine Mutter gefunden,
so erkennt man seine Sohnschaft;
hat man seine Sohnschaft erkannt,
so kehrt man um und bewahrt seine Mutter.«

Hat man aber einmal seine Sohnschaft erkannt und daraufhin bei seiner Mutter Einkehr gehalten, so begreift man das Geheimnis des urtümlich Weiblichen als unergründlichen Geist des Widerspruchs, der es beseelt, und ist damit ein Wissender geworden, der sich – und zwar genauso wie das von ihm erschaute Ur- und Vorbild des rechten Weges – jedem plumpen Vorwitz schweigend entzieht. Also:

»Man kann ihn nicht erreichen
und ihm näherkommen,
man kann ihn nicht erreichen
und ihm fernbleiben,
man kann ihn nicht erreichen
und ihm nützen,

man kann ihn nicht erreichen
und ihm schaden,
man kann ihn nicht erreichen
und ihn schätzen,
man kann ihn nicht erreichen
und ihn verachten:
darum wird er von der Welt geschätzt.«

Die Welt aber schätzt ihn, weil sie in dieser Haltung der verschwiegenen Unnahbarkeit das Siegel der rechten Gesinnung des wahrhaft Wissenden erkennt.
Denn

»der Wissende redet nicht,
der Redende weiß nicht«,

weil alles Reden doch nicht das Unsagbare trifft, was sich im Augenblick der Erleuchtung offenbart.

Zudem weiß der Wissende, daß alles unnütze Gerede nur von der rechten Gesinnung, der Leere des Herzens und damit vom Wege zur *unio mystica* mit dem Ureinen abbringt, und er mahnt deshalb den Wortreichen, indem er ihm zuruft:

»Er droßle sein Gerede
und schließe seine Türe,
er dämpfe seinen Eifer
und löse seine Wirrsal,
er mildere seinen Glanz
und werde eins seinem Staube:
das heißt, dem Urtümlichen eins werden.«

Wem die Einswerdung mit dem urtümlich Einen aber einmal zuteil geworden ist, dessen Haltung gleicht alsdann mehr oder weniger der jener weisen Meister des chinesischen Altertums, die mit den feinen Geheimnissen des Urtümlichen so tief und innig vertraut waren, daß man sie genausowenig wie ihr Vorbild, nämlich den stets sich im Gegensatz bewegenden rechten Weg, zu durchschauen vermochte.

»Denn ihres kraftvollen Wirkens Haltung war:
bedacht, o,
als ob sie winters einen Fluß überquerten,
scheu, o,
als ob sie überall den Nachbarn fürchteten,
zurückhaltend, o,
waren sie wie Gäste,
gelöst, o,
wie Eis, das aufbrechen will,
ehrlich, o,
waren sie wie die Einfalt,
großzügig, o,
waren sie wie ein Quellgrund,
undurchschaubar, o,
waren sie wie ein quirlend Wasser ...«

Und weil sie so bedacht wie großzügig, so zurückhaltend wie gelöst und so undurchschaubar wie ehrlich waren, deshalb vermochten sie auch das zuwege zu bringen, wonach Lau Dse fragt:

»Wer aber ist imstande, ein quirlend Wasser
durch die Behutsamkeit der Stille zu klären?
Wer aber ist imstande, die Ruhe
durch die Behutsamkeit dauernder Bewegung zu erzeugen?«

Dank dieser Fähigkeit, »ein quirlend Wasser durch die Behutsamkeit der Stille zu klären«, und »die Ruhe durch die Behutsamkeit dauernder Bewegung zu erzeugen«, waren sie auch imstande, ein großes Reich mit einer solchen Umsicht und Besonnenheit zu leiten, daß nicht einmal die Manen der Verstorbenen umgingen, sondern sich in den Gefilden des Gewesenen ungestört der Ruhe freuten.
Und so sagt Lau Dse:

»Das Leiten eines großen Reiches
ist wie das Braten kleiner Fische –«

und fügt hinzu:

»So man auf dem rechten Wege die Welt verwaltet,
geistern ihre Manen nicht.
Nicht, daß ihre Manen nicht geisterten,
doch ihr Geistern quält die Menschen nicht;
nicht nur, daß ihr Geistern die Menschen nicht quält,
sondern auch der Weise quält die Menschen nicht.
Beide quälen einander jedoch nicht,
weil die rechte Gesinnung sie miteinander vermählt.«

Die Gabe, die Manen in den Gefilden der Seligen durch sich mit den Lebenden unter dem Himmel auszusöhnen und gar zu vermählen, ist dem Weisen allerdings nur deshalb zu eigen, weil ihm in der *unio mystica* die Einsicht zuteil wurde, daß die Welt ein von geistigen Mächten erfülltes Gefäß ist, das, zumal es durch jedes absichtsvolle Tun zerstört wird, sich jedem zweckbewußten Zugriff entzieht. Denn

»die Welt ist ein Geistgefäß,
und nichts vermag die Tat:
die Tat zerstört sie,
das Zupacken verliert sie.«

Und so meidet der Weise jede Tat und übt sich beständig in der rechten Gesinnung der vollendeten Tatenlosigkeit des von ihm erschauten rechten Weges:

»Er wünscht, wunschlos zu sein,
und schätzt nicht
schwer zu erlangende Güter,
er lernt, nicht zu lernen,
und wendet sich dem zu,
woran alle andern vorübergehen:
so unterstützt er
der abertausend Geschöpfe Natürlichkeit:
nicht wagt er die Tat.«

Ebenso scheut er auch die unnütze Rede und wortreiche Lehre und sagt sich:

»Das seltene Wort sei selbstverständlich –
Denn ein Wirbelwind weht keinen ganzen Morgen,
ein Platzregen fällt keinen ganzen Tag.«

Weiß er doch, daß alles Reden und Lehren in nichts der wortlosen Lehre gleichkommt, die derjenige gibt, der die rechte Gesinnung bei sich hochhält und, indem er – wie der gestirnte Himmel im unaufhörlichen Kreislauf des Jahres – völlig selbstvergessen dem rechten Wege folgt, ein aller Welt sichtbares Vorbild ist:

»Darum umfängt der Weise das Eine
und wird der Welt zum Vorbild:
er beachtet sich nicht
und wird darum erleuchtet,
er ist sich nicht recht
und wird darum klar,
er brüstet sich nicht
und hat darum Verdienste,
er bewundert sich nicht
und wird darum groß.
Und nur, weil er nicht streitet,
deshalb ist auf der Welt niemand imstande,
mit ihm zu streiten.«

Um jedoch das Eine umfangen zu können, fördert er in sich die lichte Seele und sammelt die Geisterkraft, die ihn zur vollendeten Nachgiebigkeit und Weichheit befähigt, und läutert so sein urtümliches Verstehen, um dadurch zu jener Klarheit und Schlichtheit zu gelangen, die es ihm gestattet, die Schwelle der Erleuchtung zu überschreiten, um in der mystischen Vereinigung mit dem Ureinen das eigentliche Wesen aller Kreatur bis auf den Grund des Werdens und Vergehens zu durchdringen und so das unbegreifliche Walten des rechten Weges zu erschauen. Und indem er so um das Sichöffnen und -schließen der himmlischen Tore weiß, weiß er zugleich auch um die unverdorbene Kindlichkeit, die allem urtümlichen Verstehen innewohnt, wie um die mütterliche Tatlosigkeit, mit der die rechte Gesinnung alle Kreatur umhegt und pflegt, und ist, dank dieses Wissens imstande, der Welt ohne viel Worte ein

Vorbild zu sein, von dem Lau Dse als dem Inbegriff seiner Lehre zusammenfassend sagt:

»Man schaffe es und nähre es:
zu schaffen, doch nicht zu besitzen,
zu wirken, doch nicht darauf zu pochen,
wachsen zu lassen, doch nicht zu regieren:
das ist die urtümlich rechte Gesinnung.«

Die Sprüche

老子

Erstes Buch

道
德
經

weg/kann/zeigen,
  nicht/beständige/weg,
name/kann/nennen,
  nicht/beständige/name:
ohne/namen/des/himmels/der/erde/ursprung,
  haben/namen/der/abertausend/geschöpfe/mutter.

dar-/um:
  beständig/ohne/begehren
    zum/betrachten/seiner/geheimnisse,
  beständig/haben/begehren
    zum/betrachten/seiner/grenzen.

diese/beiden/ineins/hervortreten
  und/dabei/verschiedenen/namens –

ineins/man nennt/es/urtümliche,
  des/urtümlichen/noch/urtümlicheres:
    aller/geheimnisse/pforte.

Der Weg, der zeigbar,
  ist nicht der beständige Weg,
der Name, der nennbar,
  ist nicht der beständige Name:
Das Namenlose ist des Himmels und der Erde Ursprung,
  das Namhafte der abertausend Geschöpfe Mutter.

Darum:
  das beständige Nichtbegehren
    führt zum Betrachten seiner Geheimnisse,
  das beständige Begehren
    führt zum Betrachten seiner Grenzen.

Diese beiden treten ineins hervor
  und sind dabei verschiedenen Namens –

Das Ineinssein – man nennt es das Urtümliche,
  des Urtümlichen Urtümlichstes:
    aller Geheimnisse Pforte.

himmel/unten/jeder/weiß,
des/schönen/wirken/schön,
dann/häßliche/da;
jeder/weiß,
des/tüchtigen/wirken/tüchtig,
dann/untüchtige/da.

also:
sein/nichts
einander/gebären,
schwierige/leichte
einander/vollenden,
lange/kurze
einander/messen,
hohe/niedere
einander/zuneigen,
ton/stimme
einander/fügen,
vorher/nachher
einander/folgen.

dar-/um/weise/mann:
verweilt/ohne/tun/tun
übt/ohne/wort/lehren
abertausend/geschöpfe/bilden/so
und/nicht/abweist:
schafft,
doch/nicht/besitzt,
wirkt,
doch/nicht/darauf/pocht,
werk/vollendet,
doch/nicht/sitzt/darauf:
und/nur/nicht/sitzt darauf,
dar-/um/nicht/fortgenommen.

Wenn auf der Welt jeder weiß,
daß des Schönen Wirken schön ist,
dann ist das Häßliche da;
wenn jeder weiß,
daß des Tüchtigen Wirken tüchtig ist,
dann ist das Untüchtige da.

Also:
Das Sein und das Nichts
sich auseinander gebären,
das Schwierige und das Leichte
sich durcheinander vollenden,
das Lange und das Kurze
sich aneinander messen,
das Hohe und das Niedere
sich zueinander neigen,
der Ton und die Stimme
sich ineinander fügen,
das Vorher und Nachher
sich aufeinander folgen.

Darum der Weise:
Er verweilt im tatlosen Tun
und übt das wortlose Lehren,
und die abertausend Geschöpfe bilden sich so,
und er weist sie nicht ab:
Er schafft,
doch besitzt nicht,
er wirkt,
doch er pocht nicht darauf,
das Werk wird vollendet,
doch er sitzt nicht darauf:
Und nur, weil er nicht darauf sitzt,
darum wird es ihm nicht genommen.

nicht/feiern/befähigten,
   macht/leute/nicht/eifern;
nicht/preisen/schwer/zu erlangende/güter,
   macht/leute/nicht/räubern;
nicht/beachten/kann/begehren,
   macht/leute/herz/nicht/sich verwirrt.

dar-/um/weisen/mannes/fürsorge:
   leert/ihr/herz,
      füllt/ihren/bauch,
   schwächt/ihren/ehrgeiz,
      stärkt/ihre/knochen.

ständig/sorgt,
   leute/ohne/wissen/ohne/wünsche,
sorgt,
   diejenigen/wissen/nicht/wagen/handeln:
handelt/ohne/handeln,
   dann/nichts/nicht/besorgt.

Nicht feiern die Befähigten,
 das macht, daß die Leute sich nicht streiten;
nicht preisen schwer zu erlangende Güter,
 das macht, daß die Leute nicht räubern;
nicht beachten, was man begehren könnte,
 das macht, daß der Leute Herz sich nicht verwirrt.

Darum des Weisen Fürsorge:
 Sie leert ihnen das Herz
  und füllt ihren Bauch,
 sie schwächt ihren Ehrgeiz
  und stärkt ihnen die Knochen.

Ständig aber sorgt sie dafür,
 daß die Leute unwissend und wunschlos sind,
und sorgt dafür,
 daß die, welche wissen, nicht zu handeln wagen:
Sie handelt, ohne zu handeln,
 und nichts ist nicht besorgt.

weg/leer:
  doch/braucht/ihn,
  wahrscheinlich/nicht/zu erfüllen.

abgründig/o/wie/der/abertausend/geschöpfe/ahn:
  dämpft/ihren/eifer,
  löst/ihre/wirrsal,
  mildert/ihr/glänzen
  vereint/ihrem/staube.

verschwiegen/o/wie/etwas/wohlverwahrtes –

  ich/nicht/weiß/wessen/sohn:
  gestirnten/himmels/vorfahr.

Der rechte Weg ist leer:
  Doch braucht man ihn,
  so ist er wahrscheinlich nicht zu erfüllen.

Abgründig, o, ist er wie der abertausend Geschöpfe Ahn:
  Er dämpft ihren Eifer,
  er löst ihre Wirrsal,
  er mildert ihr Glänzen
  und vereint sie ihrem Staube . . .

Verschwiegen, o, ist er wie irgend etwas Wohlverwahrtes –

  Ich weiß nicht, wessen Sohn er ist:
  Er ist des gestirnten Himmels Vorfahr.

himmel/erde/ohne/mitleid:
  betrachten/abertausend/geschöpfe
  als/stroherne/hunde;
weise/mann/ohne/mitleid:
  betrachtet/aberhundert/sippen
  als/stroherne/hunde.

des/himmels/der/erde/zwischenraum –
  er/wie/dudelsack?

leer/und dabei/nicht/zusammenfällt,
  bewegt/und dabei/immer mehr/hervortritt.

viele/worte/schnell/erschöpft:
  beste/ist/zu bewahren/innere.

Himmel und Erde sind ohne Mitleid:
Sie betrachten die abertausend Geschöpfe
als stroherne Hunde;
der Weise ist ohne Mitleid:
Er betrachtet die aberhundert Sippen
als stroherne Hunde.

Des Himmels und der Erde Zwischenraum –
ist der nicht wie ein Dudelsack?

Leer ist er und fällt dabei nicht zusammen,
bewegt wird er, und immer mehr tritt dabei hervor.

Die vielen Worte sind schnell erschöpft:
das Beste ist, das Innere zu bewahren.

quellgründe/geist/un-/sterblich:
  er/ist/urtümlich/weibliche,
    des/urtümlich/weiblichen/pforte:
  er/ist/himmel/erde/wurzel:
    zart/fein/wenn/bewahrt,
      wirkt/er/ohne/mühe.

Der Quellgründe Geist ist unsterblich:
Er ist das urtümlich Weibliche,
des urtümlich Weiblichen Pforte,
er ist des Himmels und der Erde Wurzel:
So zart und fein, und wenn bewahrt,
wirkt er sonder Mühe.

himmel/ewig/erde/dauerhaft –

himmel/erde/wo-/durch/imstande,
  ewig/und überdies/dauerhaft?
weil/sie/nicht/sich selber/leben,
  darum/imstande/ewig/leben.

Dar-/um/weise/mann:
  setzt hintan/sein/selbst
    und dabei/selbst/voran,
  entäußert/sein/selbst
    und dabei/selbst/bewahrt.

ist nicht:
  weil/er/ohne/eigennutz,
  darum/imstande/vollenden/sein/eigenstes?

Der Himmel ist ewig und die Erde dauerhaft –

Weshalb sind Himmel und Erde imstande,
  ewig und überdies dauerhaft zu sein?
Weil sie nicht sich selber leben,
  deshalb sind sie imstande, ewig zu leben.

Darum der Weise:
  Er setzt sein Selbst hintan
    und kommt dabei selbst voran,
  er entäußert sich seines Selbst
    und bleibt dabei selbst bewahrt.

Und ist es nicht so:
  Weil er des Eigenutzes bar ist,
  ist er imstande, sein Eigenstes zu vollenden?

höchste/vortrefflichkeit/gleicht/wasser –

wasser/vortrefflich:
  nützt/abertausend/geschöpfen
    und dabei/nicht/sich ereifert,
  weilt/von/allen/menschen/orte/verabscheuen
    darum/fast/auf/weg:

  wohnen/trefflichkeit/boden,
  trachten/trefflichkeit/tiefe,
  geben/trefflichkeit/güte,
  rede/trefflichkeit/wahrheit,
  rechten/trefflichkeit/pflege,
  tun/trefflichkeit/können,
  sich rühren/trefflichkeit/zeit.

    doch/nur/nicht/sich ereifert,
      deshalb/ohne/fehl.

Die höchste Vortrefflichkeit gleicht dem Wasser –

Das Wasser ist vortrefflich:
Es nützt den abertausend Geschöpfen
und ereifert sich dabei nicht,
es weilt an von allen Menschen verabscheuten Orten
und ist darum fast auf dem rechten Wege:

des Wohnens Trefflichkeit – der Boden,
des Trachtens Trefflichkeit – die Tiefe,
des Gebens Trefflichkeit – die Güte,
der Rede Trefflichkeit – die Wahrheit,
des Rechten Trefflichkeit – die Pflege,
des Tuns Trefflichkeit – das Können,
des Sichrührens Trefflichkeit – die Zeit.

Doch nur, weil es sich nicht ereifert,
deshalb ist es ohne Fehl.

festhalten/und dabei/füllen/es,
beste/wäre/hätte/ende;
streicheln/und dabei/prügeln/es,
nicht/kann/lange/währen;
gold/jade/angefüllte/hallen,
niemand/sie/fähig/beschützen;
reich/geehrt/und dabei/hochmütig,
sich selbst/überliefert/seinem/tadel.

werk/nachgehen,
sich selbst/zurückziehen,
des/himmels/weg.

Festhalten und es dabei füllen,
  das Beste wär, es hätt ein Ende;
streicheln und es dabei prügeln,
  das kann nicht lange währen;
mit Gold und Jade angefüllte Hallen
  ist niemand fähig, zu beschützen;
reich, geehrt und dabei hochmütig sein,
  das überliefert sich selbst seinem Tadel.

Dem Werk nachgehen,
sich selbst zurückziehen,
das ist des Himmels Weg.

fördern/lichte/seele/umfangen/eine –
  befähigt/un-/zerstreutheit?
sammeln/geisterkraft/wecken/weichheit –
  befähigt/kindlichkeit?
klären/säubern/urtümliches/verstehen –
  befähigt/un-/verdorbenheit?
liebe/volk/leiten/reich –
  befähigt/ohne/tun?
himmlischen/tore/sichöffnen/sichschließen –
  befähigt/zu sein/glucke?
klarheit/schlichtheit/vier/durchdringt –
  befähigt/un-/wissenheit?

schaffe/es/nähre/es:
  schaffen/doch/nicht/besitzen,
  wirken/doch/nicht/darauf pochen,
  wachsen/doch/nicht/regieren:
    das/ist/urtümliche/gesinnung.

Das Fördern der lichten Seele und Umfangen des Einen –
  befähigt das nicht zur Unzerstreutheit?
Das Sammeln von Geisterkraft und Wecken der Weichheit –
  befähigt das nicht zur Kindlichkeit?
Das Klären und Läutern des urtümlichen Verstehens –
  befähigt das nicht zur Unverdorbenheit?
Die Liebe zum Volke beim Leiten des Reiches –
  befähigt das nicht zur Tatlosigkeit?
Der himmlischen Tore Sichöffnen und -schließen –
  befähigt das nicht zur Mütterlichkeit?
Die Klarheit und Schlichtheit, die alles durchdringt –
  befähigt sie nicht zur Unwissenheit?

Man schaffe es und nähre es:
  zu schaffen, doch nicht zu besitzen,
  zu wirken, doch nicht darauf zu pochen,
  wachsen zu lassen, doch nicht zu regieren:
    das ist die urtümlich rechte Gesinnung.

dreißig/speichen/vereinigen sich/eine/nabe:
angemessenheit/ihres/nichts
ist/des/wagens/brauchbarkeit;
knetet/ton/im/hinblick auf/topf:
angemessenheit/seines/nichts
ist/des/topfes/brauchbarkeit;
stemmt aus/tür/fenster/im/hinblick auf/haus:
angemessenheit/ihres/nichts
ist/des/hauses/brauchbarkeit.

also:
des/seins/absicht/vorteil,
des/nichts/absicht/brauchbarkeit.

Dreißig Speichen vereinigen sich zu einer Nabe:
Die Angemessenheit ihres Nichts
ist des Wagens Brauchbarkeit;
man knetet den Ton im Hinblick auf den Topf:
Die Angemessenheit seines Nichts
ist des Topfes Brauchbarkeit;
man stemmt Tür und Fenster aus im Hinblick auf das Haus:
Die Angemessenheit ihres Nichts
ist des Hauses Brauchbarkeit.

Also:
Des Seins Absicht ist der Vorteil
des Nichts Absicht die Brauchbarkeit.

fünf/farben/bescheren
  menschlichem/auge/blindheit,
fünf/töne/bescheren
  menschlichem/ohre/taubheit,
fünf/würze/bescheren
  menschlichem/munde/schalheit,
rennen/jagen/beschert
  menschlichem/herzen/ausbrüche/rasens
schwer/zu erlangende/güter/bescheren
  menschlichem/wandel/drangsal.

dar-/um/weise/mann:
  wirkt für/bauch,
    nicht/wirkt für/auge,
  läßt/jenes
    hält an/dieses.

Die fünf Farben bescheren
  dem menschlichen Auge Blindheit,
die fünf Töne bescheren
  dem menschlichen Ohre Taubheit,
die fünf Würze bescheren
  dem menschlichen Munde Schalheit,
das Rennen und Jagen beschert
  dem menschlichen Herzen Ausbrüche des Rasens,
schwer zu erlangende Güter bescheren
  dem menschlichen Wandel Drangsal.

Darum der Weise:
  Er wirkt für den Bauch,
    nicht wirkt er fürs Auge,
  er läßt jenes
    und hält sich an dieses.

gunst/schmach/wie/furcht,
ehre/großes/übel/wie selbst.

was/heißt:
gunst/schmach/wie/furcht?

gunst/wirkt/erniedrigend:
gewinnen/sie/wäre/zu fürchten,
verlieren/sie/wäre/zu fürchten.
das/heißt/gunst/schmach/wie/furcht.

was/heißt:
ehre/großes/übel/wie/selbst?

ich/da-/durch/bin/großes/übel,
daß/ich/habe/selbst:
erreichte/ich/ohne/selbst,
ich/wäre/was/übel?

darum:
schätzte/so/selbstes/wirken/himmel/unten,
würde/können/anvertrauen/himmel/unten;
liebte/so/selbstes/wirken/himmel/unten,
würde/können/überlassen/himmel/unten.

Gunst ist so eine Schmach wie die Furcht,
Ehre so ein großes Übel wie das Selbst.

Was heißt:
Gunst ist so eine Schmach wie die Furcht?

Gunst wirkt erniedrigend:
Sie gewinnen, wäre zu fürchten,
sie verlieren, wäre zu fürchten.
Das heißt, Gunst ist so eine Schmach wie die Furcht.

Was heißt:
Ehre ist ein so großes Übel wie das Selbst?

Ich bin dadurch ein großes Übel,
daß ich ein Selbst habe;
erreichte ich die Selbstlosigkeit,
wäre ich da ein Übel?

Darum:
Schätzte einer so des Selbstes Wirken in der Welt,
könnte man ihm die Welt anvertrauen;
liebte einer so des Selbstes Wirken in der Welt,
könnte man ihm die Welt überlassen.

blickt nach/ihm/nicht/sieht:
  name/nennt/schlichte;
lauscht nach/ihm/nicht/hört:
  name/nennt/seltene;
greift nach/ihm/nicht/faßt:
  name/nennt/feine.

Diese/drei/nicht/kann/entfalten/fragend:
  weil/ineinander/und/wirken/eines:
    sein/oben/nicht/gleißend,
    sein/unten/nicht/düster
    – fortsetzen/fortsetzen –
    nicht/kann/nennen.

kehrt um/kehrt heim/ins/ohne/wesen:
  das/heißt/des/ohne/form/form,
    des/ohne/wesen/urbild.
das/heißt/unfaßbar/unbegreiflich:
  geht entgegen/ihm,
    nicht/sieht/sein/vorne,
  geht nach/ihm,
    nicht/sieht/sein/hinten.

hält an/des/altertums/weg,
  so/lenkt/des/heutigen/dasein
imstande/wissen/ur-/beginnliches:
  das/heißt/weg/richtschnur.

Man blickt nach ihm und sieht es nicht:
  Der Name nennt es: das Schlichte;
man lauscht nach ihm und hört es nicht:
  Der Name nennt es: das Seltene;
man greift nach ihm und faßt es nicht:
  Der Name nennt es: das Feine.

Diese drei kann man nicht fragend auseinanderfalten:
  Sie sind ein Ineinander und wirken als eines:
    Sein Oben ist nicht gleißend,
    sein Unten ist nicht düster
    – und so fort und fort –,
    daß man es nicht nennen kann.

Es wendet sich um und heim ins Wesenlose:
  Das heißt, es ist des Formlosen Form,
    des Wesenlosen Urbild.
Das heißt, es ist unfaßbar und unbegreiflich:
  Geht man ihm entgegen,
    so sieht man nicht sein Vorne,
  geht man ihm nach,
    so sieht man nicht sein Hinten.

Hält man sich an des Altertums rechten Weg,
  so lenkt man des Heutigen Dasein
und ist imstande, zu wissen vom Urbeginnlichen:
  was dem rechten Wege die Richtschnur.

vor alters/vortreffliches/wirkenden/meister
  feinen/geheimnissen/urtümlichen
innig vertraut/tief,
  nicht/kann/durchschauen.

doch/nur/nicht/kann/durchschauen,
  denn/kraftvollen/wirkens/haltung:
bedacht/o,
  wie/winters/überqueren/fluß,
scheu/o,
  wie/fürchten/überall/nachbarn,
zurückhaltend/o,
  sie/wie/gäste,
gelöst/o,
  wie/eis/das/will/aufbrechen,
ehrlich/o,
  sie/wie/einfalt,
großzügig/o,
  sie/wie/quellgrund,
undurchschaubar/o,
  sie/wie/quirlend wasser . . .

wer/imstande/quirlend wasser
  durch/der/stille/behutsamkeit/klären?
wer/imstande/ruhe
  durch/der/dauernden/bewegung/behutsamkeit/erzeugen?

der/bewahre/diesen/weg
  nicht/wünsche/überflüssiges.

  doch/nur/nicht/überflüssig,
  darum/imstande/verhüllen
    nichts/neues/vollenden.

Die vor alters Vortreffliches wirkenden Meister
    waren mit den feinen Geheimnissen des Urtümlichen
innig vertraut und so tief,
    daß man sie nicht zu durchschauen vermag.

Doch sie waren nur deshalb nicht zu durchschauen,
    denn ihres kraftvollen Wirkens Haltung war:
bedacht, o,
    als ob sie winters einen Fluß überquerten,
scheu, o,
    als ob sie überall den Nachbarn fürchteten,
zurückhaltend, o,
    waren sie wie Gäste,
gelöst, o,
    wie Eis, das aufbrechen will,
ehrlich, o,
    waren sie wie die Einfalt,
großzügig, o,
    waren sie wie ein Quellgrund,
undurchschaubar, o,
    waren sie wie ein quirlend Wasser . . .

Wer aber ist imstande, ein quirlend Wasser
    durch die Behutsamkeit der Stille zu klären?
Wer aber ist imstande, die Ruhe
    durch die Behutsamkeit dauernder Bewegung zu erzeugen?

Der bewahre diesen Weg
    und wünsche sich nichts Überflüssiges.

    Doch nur, weil nichts überflüssig,
    ist man imstande, sich zu verhüllen
        und nichts Neues zu vollenden.

treibe/leersein/zum äußersten
bewahre/stille/unerschütterlich:
abertausend/geschöpfe/ringsum/sich entfalten
ich/so/schaue/wiederkehr –

alsdann/geschöpfe/zahlreich
alle/wieder/heimkehren/ihrer/wurzel:
heimkehr/wurzel/nennt man/stille,
das/ist/rückkehr/bestimmung;
rückkehr/bestimmung/nennt man/beständige,
wissen/beständiges/nennt man/erleuchtung.

nicht/wissen/beständiges,
unüberlegt/schafft/unglück.

wissen/beständiges/duldsamkeit,
duldsamkeit/überdies/redlichkeit,
redlichkeit/überdies/edelsinn,
edelsinn/überdies/himmlisches,
himmlisches/überdies/weg,
weg/überdies/dauer.

untergehendes/selbst/nicht/gefährden.

Treibe das Leersein bis zum Äußersten
  und bewahre die Stille unerschütterlich:
Die abertausend Geschöpfe ringsum entfalten sich,
  und ich schaue also ihre Wiederkehr –

Alsdann kehren die Geschöpfe, die zahlreichen,
  alle wieder heim zu ihrer Wurzel:
Die Heimkehr zur Wurzel aber nennt man Stille,
  das ist die Rückkehr der Bestimmung;
die Rückkehr der Bestimmung nennt man das Beständige,
  das Wissen vom Beständigen nennt man Erleuchtung.

Das Nichtwissen vom Beständigen aber,
  das schafft sich unüberlegt Unglück.

Das Wissen vom Beständigen ist Duldsamkeit,
  Duldsamkeit ist überdies Redlichkeit,
  Redlichkeit ist überdies Edelsinn,
  Edelsinn ist überdies Himmlisches,
  Himmlisches ist überdies der rechte Weg,
  der rechte Weg ist überdies Dauer.

Ein untergehendes Selbst ist nicht zu gefährden.

ganz großer/oben,
  unten/wissen/gibt/ihn:
er/darunter steht,
  liebt/und/lobt/ihn,
er/darunter steht,
  fürchtet/ihn,
er/darunter steht,
  verhöhnt/ihn.

aufrichtigkeit/nicht/genügt,
  gibt es/keine/aufrichtigkeit.

bedächtig/o/seine/geschätzten/worte:
  werk/vollendet,
  dienst/willfahren . . .

aberhundert/sippen/alle/meinen:
  wir/von selber/so.

Ist ein ganz Großer oben,
unten weiß man, es gibt ihn:
Steht er darunter,
liebt und lobt man ihn,
steht er darunter,
fürchtet man ihn,
steht er darunter,
verhöhnt man ihn.

Wo Aufrichtigkeit nicht genügt,
da gibt es keine Aufrichtigkeit.

Bedächtig, o, sind seine geschätzten Worte:
Das Werk wird vollendet,
dem Dienste willfahren . . .

Die aberhundert Sippen aber alle meinen:
Wir sind von selber so.

große/weg/kam ab,
  es gibt/menschlichkeit/gerechtigkeit;
scharfsinn/klugheit/traten hervor,
  es gibt/große/verlogenheit;
sechs/blutsverwandten/un-/eins,
  es gibt/kindespflicht/elternliebe;
reich/sippe/finster/wirr,
  es gibt/getreuen/knecht.

ACHTZEHNTER SPRUCH

Der große Weg kam ab,
  und es gibt Menschlichkeit und Gerechtigkeit;
Scharfsinn und Klugheit kamen auf,
  und es gibt die große Verlogenheit;
die sechs Blutsverwandten wurden uneins,
  und es gibt Kindespflicht und Elternliebe;
Reich und Sippe wurden verfinstert und wirr,
  und es gibt den getreuen Knecht.

brich mit/weisheit
  verwirf/klugheit:
volk/nutzen
  verhundert-/fachen;
brich mit/menschlichkeit
  verwirf/gerechtigkeit:
volk/kehrt zurück
  kindespflicht/elternliebe;
brich mit/kunstreichem
  verwirf/vorteil:
räuber/diebe
  nicht/geben.

diese/drei,
  damit/tun/schön/un-/genügend.

darum/mach/etwas ist/dem/anhängen:
  offenbare/einfachheit
  hege/schlichtheit
  verringere/selbstsucht
  vermindere/begierden.

Brich mit der Weisheit
  und verwirf die Klugheit:
Dem Volke wird sich
  der Nutzen verhundertfachen;
brich mit der Menschlichkeit
  und verwirf die Gerechtigkeit:
Dem Volke kehren zurück
  Kindespflicht und Elternliebe;
brich mit dem Kunstreichen
  und verwirf den Vorteil:
Der Räuber und Diebe
  wird es nicht geben.

In diesen drei Dingen ist,
  damit schönzutun, ungenügend.

Darum mach, daß es etwas gibt, dem man anhängt:
  Offenbare Einfachheit
  und hege Schlichtheit,
  verringere die Selbstsucht
  und vermindere die Begierden.

brich mit/lernen/ohne/trauern –

schnelle/und/zustimmende/ja
  einander/entfernt/kaum/wie?
gute/und/schlechte
  einander/entfernt/sehr/wie?

leute/das/was/fürchten,
  nicht/möge/nicht/fürchten.

verlorenheit/ach,
  sie/noch nicht/zu ende!

masse/leute/strahlt/strahlt
  wie/feier/großen/stieropfers,
  wie/frühling/besteigen/türme.

ich/allein/liege/still/ach,
  wurde/noch nicht/geweissagt
  wie/kleinem/kind/das/noch nicht/lacht,
    müde/müde/ach,
  wie/ohne/ort/heimkehr . . .

masse/leute/alle/haben/überfluß . . .

doch/ich/allein/wie/übriggelassen:
  ich/einfältigen/menschen/herz!

wirrwarr/o/wirrwarr/o!

welt/leute/klar/klar,
  ich/allein/dunkel/dunkel . . .

Brich mit dem Lernen, ohne zu trauern –

Das schnelle und das zustimmende Ja,
  sind sie nicht voneinander kaum entfernt?
Das Gute und das Schlechte,
  sind sie nicht voneinander sehr entfernt?

Das, was aber die Leute fürchten,
  nicht möge man es nicht fürchten.

Verlorenheit, ach,
  sie ist noch nicht zu Ende!

Die Masse der Leute – sie strahlt und strahlt
  wie bei der Feier des großen Stieropfers,
  wie im Frühling beim Besteigen der Türme.

Ich allein lieg so still, ach,
  mir ward noch nichts geweissagt
  wie dem kleinen Kinde, das noch nicht lacht,
    und so müde, so müde, ach,
  wie einer, der ohne Heimat . . .

Die Masse der Leute – sie hat im Überfluß . . .

Doch ich allein bin wie ein Übriggelassener:
  Ich habe eines Einfältigen Herz!

Wirrwarr, o, Wirrwarr!

Die Leute von Welt – sie sind sich so klar, so klar –
  Ich allein bin mir so dunkel, so dunkel . . .

welt/leute/prüfen/forschen,
ich/allein/betrübt/bekümmert:
wogend/o/wie/meer,
verweht/o/wie/ohne/halt . . .

meisten/leute/alle/haben/warum –

doch/ich/allein/eigensinnig/wie/hinterwäldler:
ich/allein/anders/als/andern
und/preise/nährende/mutter.

Die Leute von Welt – sie sind so prüfend, so forschend –
  Ich allein bin so betrübt und bekümmert:
    wogend, o, wie das Meer,
    verweht, o, wie ohne Halt . . .

Die meisten Leute – sie haben alle ein Warum –

Doch ich allein bin eigensinnig wie ein Hinterwäldler:
  Ich allein bin anders als die andern
  und preise die nährende Mutter.

der/aufrichtigen/gesinnung/haltung,
  nur/weg/recht/folgen –

des/weges/wirken/etwas,
  das/unfaßlich/das/unbegreiflich!

  unbegreiflich/o/unfaßlich/o,
    sein/inneres/hat/bilder . . .
  unfaßlich/o/unbegreiflich/o,
    sein/inneres/hat/wesen . . .
  verborgen/o/unergründlich/o,
    sein/inneres/hat/keime . . .

seine/keime/ungewöhnlich/echt
  ihr/inneres/ist/gewissestes:
    von/urtagen/bis/heute
    sein/name/un-/erläßlich,
  um/einzusehen/allen/beginn.

Ich/wo-/her/weiß/allen/beginns/form?

    durch/dies.

Der aufrichtigen Gesinnung Haltung ist,
  nur dem rechten Wege ganz zu folgen –

Des rechten Weges Wirken ist ein Etwas,
  das unfaßlich, das unbegreiflich!

  Unbegreiflich, o, unfaßlich, o,
    sind in seinem Innern Bilder . . .
  Unfaßlich, o, unbegreiflich, o,
    sind in seinem Innern Wesen . . .
  Verborgen, o, unergründlich, o,
    sind in seinem Innern Keime . . .

Seine Keime sind von ungewöhnlicher Echtheit
  und ihr Inneres ist das Gewisseste:
    von den Urtagen an bis heute
    ist sein Name unerläßlich,
  um einzusehen allen Beginn.

Woher ich von der Form alles Beginns weiß?
  Eben durch dies.

krumm/dann/vollkommen,
verbogen/dann/gerade,
ausgeleert/dann/voll,
abgenutzt/dann/neu,
zuwenig/dann/gewinnend,
zuviel/dann/betörend.

dar-/um/weise/mann/umfängt/eine
wird/himmel/unten/vorbild:
nicht/sich/beachtet
darum/erleuchtet,
nicht/sich/recht
darum/klar,
nicht/sich/brüstet
darum/hat/verdienst,
nicht/sich/bewundert
darum/ist/groß.

und/nur/nicht/sich streitet,
deshalb/himmel/unten/niemand/imstande,
mit/ihm/sich zu streiten.

alten/also/sagten:
krumm/dann/vollkommen,
wie/leeres/wort?

wahre/vollkommenheit/aber
ward zuteil/ihnen.

Krumm und dann vollkommen,
verbogen und dann gerade,
ausgeleert und dann voll,
abgenutzt und dann neu,
zuwenig und dann gewinnend,
zuviel und dann betörend.

Darum umfängt der Weise das Eine
und wird der Welt zum Vorbild:
Er beachtet sich nicht
und ist darum erleuchtet,
er ist sich nicht recht
und ist darum klar,
er brüstet sich nicht
und hat darum Verdienst,
er bewundert sich nicht
und ist darum groß.

Und nur, weil er sich nicht streitet,
deshalb ist auf der Welt niemand imstande,
sich mit ihm zu streiten.

Wenn die Alten also sagten:
Krumm und dann vollkommen –
ist das ein leeres Wort?

Die wahre Vollkommenheit aber,
sie ward ihnen zuteil.

seltene/wort/selbst-/verständlich –

denn/wirbelwind/weht/nicht/ganzen/morgen,
  platzregen/fällt/nicht/ganzen/tag.

wer/wirkt/diese?
  himmel/erde –

himmel/erde/vorziehen,
  un-/fähig/dauer,
um/wieviel mehr/wohl/mensch?

also:
  kommt nach/tun/auf/weg/man,
    wer/weg/hat,
      eins/mit/weg;
    wer/gesinnung/hat,
      eins/mit/gesinnung;
    wer/verloren/hat,
      eins/mit/verlorenem.

wer/eins/mit/weg,
  weg/auch/freude/bringt/dem,
wer/eins/mit/gesinnung,
  gesinnung/auch/freude/bringt/dem,
wer/eins/mit/verlorenem,
  verlorene/auch/freude/bringt/dem.

  aufrichtigkeit/nicht/genügt,
  gibt es/keine/aufrichtigkeit.

Das seltene Wort sei selbstverständlich –

Denn ein Wirbelwind weht keinen ganzen Morgen,
ein Platzregen fällt keinen ganzen Tag . . .

Und wer wirkt diese?
Himmel und Erde –

Wenn aber Himmel und Erde es vorziehen,
unfähig der Dauer zu sein,
um wieviel mehr dann wohl der Mensch?

Also:
Kommt man dem Tun auf dem rechten Wege nach,
so wird, wer den rechten Weg hat,
eins mit dem rechten Wege;
so wird, wer die rechte Gesinnung hat,
eins mit der rechten Gesinnung;
so wird, wer sie verloren hat,
eins mit dem Verlorenen.

Wer aber mit dem rechten Wege eins geworden,
dem bringt der rechte Weg auch Freude,
wer mit der rechten Gesinnung eins geworden,
dem bringt die rechte Gesinnung auch Freude,
und wer mit dem Verlorenen eins geworden,
dem bringt das Verlorene auch Freude.

Wo Aufrichtigkeit nicht genügt,
da gibt es keine Aufrichtigkeit.

zehenstand/kein/stehen,
beinspreizen/kein/gehen:
wer/sich selber/beachtet,
nicht/erleuchtet,
wer/sich selber/recht,
nicht/schön,
wer/sich selber/brüstet,
ohne/verdienst,
wer/sich selber/bewundert,
nicht/groß wird.

das/im hinblick auf/weg,
sagt man/zuviel/essen/geschwollen/handeln.

geschöpfe/beargwöhnen/verabscheuen/es.

darum:
man/hat/weg,
nicht/dabei sich aufhält.

Zehenstand ist kein Stehen,
Beinspreizen ist kein Gehen:
Wer sich selber beachtet,
wird nicht erleuchtet,
wer sich selber recht ist,
wird nicht schön,
wer sich selber brüstet,
hat kein Verdienst,
wer sich selber bewundert,
wird nicht groß.

Das ist im Hinblick auf den rechten Weg,
sagt man, Völlerei und Geschwollenheit.

Die Geschöpfe beargwöhnen und verabscheuen es.

Darum:
Hat man den rechten Weg,
so hält man sich nicht dabei auf.

da ist/wesen/undurchschaubar/vollendet
bevor/himmel/erde/entstehen:
einsam/o/stille/o!

allein/steht/und das/un-/wandelbar,
kreisend/geht/und das/un-/ablässig:
kann/ansehen/als/himmel/unten/mutter.

ich/nicht/weiß/seinen/namen –
zeichen/es/nennt/weg.

des/kraftvollen/wirkens/name/nennt/groß,
groß/heißt/vergehend,
vergehend/heißt/sich entfernend,
sich entfernend/heißt/sich wendend.

also:
weg/groß,
himmel/groß,
erde/groß,
könig/auch/groß.

begrenztheit/mitte/vier/große,
und/könig/ist/deren/einer/da.

mensch/gesetz/erde,
erde/gesetz/himmel,
himmel/gesetz/weg,
weg/gesetz/sich selbst.

Da ist ein Wesen, das undurchschaubar in sich vollendet
  bevor Himmel und Erde entstehen:
    so einsam, o, so still!

Allein steht es, und das unwandelbar,
  kreisend geht es, und das unablässig:
Man kann es ansehen als der Welt Mutter.

Ich weiß nicht seinen Namen –
  des Zeichens ist es ein Weg.

Des kraftvollen Wirkens Name – er nennt es groß,
  groß, das heißt: vergehend,
  vergehend, das heißt: sich entfernend,
sich entfernend, das heißt: sich wieder wendend.

Also:
  Der Weg ist groß,
  der Himmel ist groß,
  die Erde ist groß,
  und auch der König ist groß.

In der Begrenztheit Mitte gibt es vier Große,
  und der König ist da deren einer.

Dem Menschen ist Gesetz die Erde,
  der Erde ist Gesetz der Himmel,
  dem Himmel ist Gesetz der rechte Weg,
  der rechte Weg ist sich selbst Gesetz.

schwere/ist/leichten/wurzel,
  stille/wird/lauten/herr.

dar-/um/weise/mann:
  ganzen/tag/wandert
    nicht/trennt sich von/gepäckes/schwere,
  obgleich/hat/glänzende/aussichten,
    gelassen/bleibt/darüber hinwegsieht.

aber/was/von/abertausend/streitwagen/herr
  und dabei/um/sich selbst/nimmt leicht/himmel/unten?

    leichtfertig,
    dann/verliert/wurzel,
    laut,
    dann/verliert/herrschaft.

Das Schwere ist des Leichten Wurzel,
  die Stille wird des Lauten Herr.

Darum der Weise:
  Den ganzen Tag über wandert er
    und trennt sich nicht von des Gepäckes Schwere,
  und obgleich er glänzende Aussichten hat,
    bleibt er gelassen und sieht darüber hinweg.

Was aber, wenn er Herr über abertausend Streitwagen ist
  und um seiner selbst willen die Welt leichtnimmt?

Dann ist er leichtfertig
  und verliert die Wurzel,
dann wird er laut
  und verliert die Herrschaft.

tüchtige/wandert/ohne/spur/fährte,
tüchtige/redet/ohne/fehl/tadel,
tüchtige/rechnet/nicht braucht/rechen-/stäbe,
tüchtige/schließt/ohne/schloß/riegel
und/nicht/kann/öffnen,
tüchtige/knüpft/ohne/schnur/strick
und/nicht/kann/lösen.

dar-/um/weise/mann:
beständig/tüchtig/hüten/menschen,
weil/nicht/verwirft/menschen;
beständig/tüchtig/hüten/geschöpfe:
weil/nicht/verwirft/geschöpfe:
das/ist/zwiefache/erleuchtung.

denn/tüchtige/mensch
des/un-/tüchtigen/menschen/lehrer,
un-/tüchtige/mensch
des/tüchtigen/menschen/hab und gut.

nicht/schätzen/seinen/lehrer
nicht/lieben/sein/hab und gut,
obgleich/gescheit,
große/verblendung.

das/ist/schwerwiegendes/geheimnis.

Der Tüchtige wandert ohne Spur und Fährte,
der Tüchtige redet ohne Fehl und Tadel,
der Tüchtige rechnet ohne Rechenstäbe,
der Tüchtige schließt ohne Schloß und Riegel,
und es ist nicht zu öffnen,
der Tüchtige knüpft ohne Schnur und Strick,
und es ist nicht zu lösen.

Darum der Weise:
Er ist beständig tüchtig im Hüten der Menschen,
weil er keinen Menschen verwirft;
er ist beständig tüchtig im Hüten der Geschöpfe,
weil er kein Geschöpf verwirft:
Das ist eine zwiefache Erleuchtung.

Der tüchtige Mensch
sei dem untüchtigen Menschen ein Lehrer,
der untüchtige Mensch aber
sei dem tüchtigen Menschen ein Hab und Gut.

Doch nicht zu schätzen seinen Lehrer
und nicht zu lieben sein Hab und Gut,
das ist, obschon gescheit,
eine große Verblendung.

Das ist ein schwerwiegendes Geheimnis.

kennen/seine/mannheit
  bewahren/seine/weibheit,
  wirkt/himmel/unten/strombett:
wirkt/himmel/unten/strombett,
  beständig/gesinnung/nicht/fern
  wieder/heimkehrt/unter/kleinen/kinder.

kennen/seine/reinheit
  bewahren/seine/trübheit,
  wirkt/himmel/unten/vorbild:
wirkt/himmel/unten/vorbild,
  beständig/gesinnung/nicht/abirrt
  wieder/heimkehrt/un-/begrenzte.

kennnen/seinen/ruhm
  bewahren/seine/schmach,
  wirkt/himmel/unten/quellgrund:
wirkt/himmel/unten/quellgrund,
  beständig/gesinnung/dann/voll
  wieder/heimkehrt/zur/einfalt.

  einfalt/verzettelt,
    dann/wird/werkzeug:
  weiser/mann/braucht/es,
    dann/wird/beamter.

also:
  große/gestalten/nicht/beschneidet.

Zu kennen seine Mannheit
  und sich wahren seine Weibheit,
  das wirkt der Welt als Strombett:
Wirkt man der Welt als Strombett,
  so ist die beständig rechte Gesinnung nicht fern,
  und man kehrt wieder heim unter die kleinen Kinder.

Zu kennen seine Reinheit
  und sich wahren seine Trübheit,
  das wirkt der Welt als Vorbild:
Wirkt man der Welt als Vorbild,
  so irrt die beständig rechte Gesinnung nicht ab,
  und man kehrt wieder heim ins Grenzenlose.

Zu kennen seinen Ruhm
  und sich wahren seine Schmach,
  das wirkt der Welt als Quellgrund:
Wirkt man der Welt als Quellgrund,
  dann ist die beständig rechte Gesinnung voll,
  und man kehrt wieder heim zur Einfalt.

Ist aber die Einfalt verzettelt,
  dann wird man zum Werkzeug:
Braucht das der Weise,
  dann wird ein Beamter daraus.

Also:
  Das große Gestalten beschneidet nicht.

just/wünscht/zu erobern/himmel/unten –
  und/tut/es!
ich/sehe/ihn/nicht/erreichen/ziel:
  himmel/unten/geist/gefäß
  nicht/kann/tun da:
    tat/zerstört/sie,
    zupacken/verliert/sie.

darum/geschöpfe:
  einen/führen,
    andern/folgen,
  einen/schnauben,
    andern/keuchen,
  einen/stark,
    andern/mager,
  einen/steigen,
    andern/stürzen.

dar-/um/weise/mann:
  läßt/allzusehr,
  läßt/überspannte,
  läßt/großartige.

Da wünscht einer just die Welt zu erobern –
  und tut es!
Ich sehe, er wird sein Ziel nicht erreichen:
  Denn die Welt ist ein Geistgefäß
  und nichts vermag die Tat:
    Die Tat zerstört sie,
    das Zupacken verliert sie.

Darum die Geschöpfe:
  Die einen führen,
    die andern folgen,
  die einen schnauben,
    die andern keuchen,
  die einen sind stark,
    die andern mager,
  die einen steigen,
    die andern stürzen.

Darum der Weise:
  Er läßt das Allzusehr,
  er läßt das Überspannte,
  er läßt das Großartige.

wer/durch/weg
  beisteht/menschen-/herrscher,
nicht/durch/waffen/vergewaltigt/himmel/unten:
  sein/tun/liebt/gegenschlag.

  der/heere/plätze/zum rasten
    distel/dornen/wachsen/da,
  der/großen/armeen/nachher
    gewiß/sind/unheilvolle/jahre.

tüchtige/ist/entschlossen – nichts/weiter –
  nicht/wagt,
um zu/erobern/gewalttätig sein:
  entschlossen/doch/nicht/prahlt,
  entschlossen/doch/nicht/brüstet,
  entschlossen/doch/nicht/hochmütig,
  entschlossen/da/nicht/kann/anders,
  entschlossen/doch/nicht/gewalttätig.

geschöpfe/erstarkt/dann/altern:
  das/heißt/ohne/weg.

ohne/weg/bald/am ende.

Wer auf dem rechten Wege
  dem Menschenherrscher beisteht,
der vergewaltigt nicht durch Waffen die Welt:
  Sein Tun liebt den Gegenschlag.

  Auf den Rastplätzen der Heere
    wachsen Distel und Dornen,
  und das Gefolge großer Armeen
    sind gewiß unheilvolle Jahre.

Der Tüchtige ist entschlossen – und nichts weiter –,
    und er wagt es nicht,
  um zu erobern, gewalttätig zu werden:
    Er ist enschlossen, doch prahlt nicht,
    er ist entschlossen, doch brüstet sich nicht,
    er ist entschlossen, doch nicht hochmütig,
    er ist entschlossen, da es nicht anders geht,
    er ist entschlossen, doch nicht gewalttätig.

Sind die Geschöpfe erstarkt, dann altern sie:
  Das heißt, sie sind ohne rechten Weg.

Was aber ohne rechten Weg ist, das ist bald am Ende.

noch so/prachtvolle/waffen
  des/un-/heils/werkzeug:
geschöpfe/beargwöhnen
  verabscheuen/sie:
darum/hat/weg,
  nicht/sich dabei aufhält.

edle/zu hause,
  dann/schätzt/linke,
braucht/waffe,
  dann/schätzt/rechte.

waffe/eben/des/un-/heils/werkzeug
  nicht/des/edlen/werkzeug:
    nicht/kann/anders,
    da/braucht/sie.

friede/beschaulichkeit
    sind/höchstes.

siegt/doch/nicht/findet/schön:
  jedoch/fände/schön/es,
wäre/freude/schlachten/menschen.

man/aber/freude/schlachten/menschen,
  dann/nicht/kann/so/durchsetzen
  wollen/in/himmel/unten/halt.

glückliche/dinge/bevorzugen/linke,
  unglückliche/dinge/bevorzugen/rechte:
unter-/feldherr/armee/wohnt/links,
  ober-/feldherr/armee/wohnt/rechts:
besagt/wie/trauer-/feier/steht/er.

Noch so prachtvolle Waffen
sind des Unheils Werkzeug:
Die Geschöpfe beargwöhnen
und verabscheuen sie:
Hat man den rechten Weg,
so hält man sich nicht dabei auf.

Ist der Edle zu Hause,
dann schätzt er die Linke,
führt er die Waffe,
dann schätzt er die Rechte.

Die Waffe ist eben des Unheils
und nicht des Edlen Werkzeug:
Kann er nicht anders,
dann braucht er sie.

Friede und Beschaulichkeit aber
sind ihm das Höchste.

Er siegt, doch findet es nicht schön:
Fände er es jedoch schön,
so wäre das Freude am Menschenschlachten.

Hat man aber Freude am Menschenschlachten,
so kann man halt sein Wollen
in der Welt nicht durchsetzen.

Glückliche Dinge bevorzugen die Linke,
unglückliche Dinge bevorzugen die Rechte:
Der Unterfeldherr der Armee wohnt links,
der Oberfeldherr der Armee wohnt rechts:
Das besagt, er steht wie bei einer Trauerfeier.

schlachten/menschen/in/massen,
  so/beweine/gram/tränen/ihn;
kampf/gesiegt,
  so/trauer-/feier/stehe/er.

Hat er aber die Menschen in Massen geschlachtet,
so beweine man ihn mit Tränen des Grams;
hat er aber im Kampfe gesiegt,
so stehe er wie bei einer Trauerfeier.

weg
  beständig/ohne/namen/schlichtheit;
obgleich/klein,
  himmel/unten/niemand/fähig/dienen.

fürsten/könige/wären/fähig,
  behüten/ihn,
abertausend/geschöpfe
  würden/von selber/gäste
himmel/erde/sich vereinigen,
  um/herabzusenden/süßen/tau,
volk/niemand/ihm/beföhle
  und dabei/von selber/redlich.

beginnt/bestimmen/gibt es/namen:
  namen/aber/einmal/da sind,
  nun/alsdann/würde/wissen/einzuhalten.
wissen/einzuhalten,
  kann/dadurch/nichts/gefährdet werden.

gleichnis:
  weg/ist vorhanden/himmel/unten
  wie/flüsse/bäche/in/strömen/meeren.

Der rechte Weg ist
    beständig von namenloser Schlichtheit;
und obgleich unscheinbar,
    ist auf der Welt niemand fähig, ihm zu dienen.

Wären jedoch die Fürsten und Könige fähig,
    ihn zu behüten,
die abertausend Geschöpfe
    würden ihnen wie von selber Gäste
und Himmel und Erde vereinigten sich,
    um süßen Tau herabzusenden,
und dem Volke beföhle niemand
    und es würde wie von selber redlich.

Beginnt das Bestimmen, so gibt es Namen:
    Sind aber die Namen einmal da,
    nun, alsdann würde ich wissen einzuhalten.
Weiß man aber einzuhalten,
    so ist man durch nichts zu gefährden.

Im Gleichnis:
    Der rechte Weg ist in der Welt
    wie die Flüsse und Bäche in Strömen und Meeren.

kenntnis/anderer/klugheit,
  sich selber/kennen/erleuchtung;
bezwingung/anderer/gibt/macht,
  sich selber/bezwingen/kraft;
wissen/sich begnügen/reichtum,
  starkes/streben/hat/ehrgeiz;
nicht/verlieren/seinen/platz/dauer,
  sterben/und/nicht/vergessen werden/hohes alter.

Kenntnis der andern ist Klugheit,
  sich selber kennen, Erleuchtung;
Bezwingung der andern gibt Macht,
  sich selber bezwingen, Kraft;
Wissen vom Sichbegnügen ist Reichtum,
  ein starkes Streben hat Ehrgeiz;
nicht seinen Platz verlieren, gibt Dauer,
  sterben und nicht vergessen werden, ein hohes Alter.

große/weg/verströmt sich/ach:
  er/kann/links/rechts –

abertausend/geschöpfe/vertrauen/ihm/und/leben
  und dabei/nicht/abgewiesen:
    werk/vollendet
    nicht/rühmt sich/besitzes.

kleidet/nährt/abertausend/geschöpfe
  und dabei/nicht/spielt/herrn –
beständig/ohne/wunsch:
  möchte/bezeichnen/als/klein.

abertausend/geschöpfe/fallen zu/so
  und dabei/nicht/spielt/herrn:
  möchte/bezeichnen/als/groß.

weil/er/bis zuletzt
  nicht/für sich selber/wirkt/großes,
darum/imstande/
  zu vollenden/seine/größe.

Der große Weg verströmt sich, ach:
  Er kann zur Linken sein wie zur Rechten –

Die abertausend Geschöpfe vertrauen ihm und leben
  und werden dabei nicht abgewiesen:
    Das Werk wird vollendet,
    nicht rühmt er sich des Besitzes.

Er kleidet und nährt die abertausend Geschöpfe
  und spielt dabei nicht den Herrn –
Er ist das beständige Wunschlos-Sein:
  Man möchte ihn als klein bezeichnen.

Die abertausend Geschöpfe fallen ihm so zu
  und er spielt dabei nicht den Herrn:
  Man möchte ihn als groß bezeichnen.

Und weil er bis zuletzt
  das Große nicht für sich selber wirkt,
darum ist er imstande,
  seine Größe zu vollenden.

ergreife/große/urbild
  himmel/unten/geht,
geht/und dabei/nicht/schaden:
  zufrieden/ausgeglichen/erhaben.

lust/wie/köder:
  vorüberziehenden/fremdling/hält.

des/weges/offenbarung –
  mund/fade/in/ihrem/ohne/reiz:
blickt nach/ihr
  nicht/befriedigt/sieht,
lauscht/ihr
  nicht/befriedigt/hört,
braucht/sie
  nicht/befriedigt/aufhört.

Ergreife das große Urbild,
  und die Welt geht,
sie geht und nimmt dabei nicht Schaden:
  zufrieden, ausgeglichen und erhaben.

Lust ist wie Köder:
  Vorüberziehenden Fremdling hält sie.

Des rechten Weges Offenbarung aber –
  sie ist dem Munde fade in ihrer Reizlosigkeit:
Man blickt nach ihr,
  und es befriedigt nicht, was man sieht,
man lauscht nach ihr,
  und es befriedigt nicht, was man hört,
man braucht sie,
  und es befriedigt nicht, daß sie ein Ende hat.

just/wünscht/zusammendrängen/es,
muß/kräftig/dehnen/es;
just/wünscht/schwächen/es,
muß/kräftig/stärken/es;
just/wünscht/abschaffen/es,
muß/kräftig/steigern/es;
just/wünscht/erobern/es,
muß/kräftig/geben/ihm:
dies/heißt/geheime/erleuchtung.

nachgiebigkeit/schwäche
bezwingen/unnachgiebigkeit/stärke.

fisch/nicht/soll/entreißen/aus/tiefe,
des/landes/fördernde/mittel/nicht/soll/zeigen/volk.

Wünscht man es just zusammenzudrängen,
muß man es kräftig dehnen;
wünscht man es just zu schwächen,
muß man es kräftig stärken;
wünscht man es just abzuschaffen,
muß man es kräftig steigern;
wünscht man es just sich zu erobern,
muß man ihm kräftig geben:
Dies heißt geheime Erleuchtung.

Nachgiebigkeit und Schwäche
bezwingen Unnachgiebigkeit und Stärke.

Den Fisch sollte man nicht der Tiefe entreißen,
des Landes fördernde Mittel nicht dem Volke zeigen.

weg/beständig/ohne/tun
  und dabei/nichts/un-/getan.

fürsten/könige/wären/fähig,
  behüten/ihn,
abertausend/geschöpfe
  würden/wie von selber/bilden;
bilden,
  und dabei/wünsche/regen,
ich/würde/stillen/sie,
  durch/des/ohne/namen/schlichtheit.

des/ohne/namen/schlichtheit,
  nun/alsdann/würde/ohne/wünsche,
ohne/wünsche/zur/stille
  himmel/unten/würde/von selber/ordnen.

Der rechte Weg ist beständig tatlos,
  und dabei bleibt nichts ungetan.

Wären die Fürsten und Könige fähig,
  ihn zu behüten,
die abertausend Geschöpfe
  bildeten sich wie von selber;
bildeten sie sich aber,
  und es würden ihnen dabei Wünsche rege,
ich stillte sie ihnen
  durch die Schlichtheit des Namenlosen.

Die Schlichtheit des Namenlosen,
  nun, sie würde ihnen alsdann zur Wunschlosigkeit,
die Wunschlosigkeit aber zur Stille,
  und die Welt ordnete sich von selber.

Zweites Buch

老子道德經

hohe/gesinnung/nicht/gesinnungstüchtig,
  dar-/um/hat/gesinnung;
niedere/gesinnung/nicht/läßt/gesinnung,
  dar-/um/keine/gesinnung.

hohe/gesinnung/ohne/tun,
  und das/ohne/absicht;
niedere/gesinnung/handelt um/sie,
  und das/hat/absicht.
hohe/menschlichkeit/handelt um/sie,
  und das/ohne/absicht;
hohe/gerechtigkeit/handelt um/sie,
  und das/hat/absicht;
hohe/moral/handelt um/sie,
  und/keiner/ihr/entgegenkommt,
  dann/krempelt auf/ärmel
    und/verwirft/sie.

also:
  verliert/weg,
    dann/folgt/gesinnung;
  verliert/gesinnung,
    dann/folgt/menschlichkeit;
  verliert/menschlichkeit,
    dann/folgt/gerechtigkeit;
  verliert/gerechtigkeit,
    dann/folgt/moral.

doch/moral
  der/treuherzigen/aufrichtigkeit/dürftigkeit
    und/der/verwirrung/anfang.

vor/erfahrung/des/weges/blüte
    und/der/natürlichkeit/ursprung.

Die hohe Gesinnung ist nicht gesinnungstüchtig,
und darum hat sie Gesinnung;
die niedere Gesinnung läßt nicht von der Gesinnung,
und darum hat sie keine Gesinnung.

Die hohe Gesinnung ist tatlos,
und das ohne Absicht;
die niedere Gesinnung handelt ihrethalben,
und das mit Absicht.
Die hohe Menschlichkeit handelt ihrethalben,
und das ohne Absicht;
die hohe Gerechtigkeit handelt ihrethalben,
und das mit Absicht.
Die hohe Moral aber handelt ihrethalben,
und kommt ihr keiner entgegen,
dann krempelt sie die Ärmel auf
und – verwirft sie.

Also:
Verliert man den rechten Weg,
dann folgt die rechte Gesinnung;
verliert man die rechte Gesinnung,
dann folgt die Menschlichkeit;
verliert man die Menschlichkeit,
dann folgt die Gerechtigkeit;
verliert man die Gerechtigkeit,
dann folgt die Moral.

Doch die Moral ist
der treuherzigen Aufrichtigkeit Dürftigkeit
und der Verwirrung Ursprung.

Vor der Erfahrung liegt des rechten Weges Blüte
und des Natürlichen Ursprung.

dar-/um/erfahrene/mann:
verweilt bei/dessen/fülle
nicht/weilt bei/dessen/dürftigkeit,
verweilt bei/dessen/echtheit
nicht/weilt bei/dessen/schein.

also:
läßt/jenes
hält an/dieses.

Darum der Erfahrene:
Er verweilt bei dessen Fülle
und weilt nicht bei dessen Dürftigkeit,
er verweilt bei dessen Echtheit
und weilt nicht bei dessen Schein.

Also:
Er läßt jenes
und hält sich an dieses.

einst/gewannen/eine:

himmel/gewann/eine
  dadurch/reinheit,
erde/gewann/eine
  dadurch/ruhe,
manen/gewannen/eine
  dadurch/wirkkraft,
quellgründe/gewannen/eine
  dadurch/fülle,
abertausend/geschöpfe/gewannen/eine
  dadurch/leben,
fürsten/könige/gewannen/eine
  dadurch/wurde/himmel/unten/unerschütterlich:
sie/brachten fertig/es.

himmel/nicht/dadurch/reinheit,
  stünde/zu befürchten/zerbirst;
erde/nicht/dadurch/ruhe,
  stünde/zu befürchten/aufbricht;
manen/nicht/dadurch/wirkkraft,
  stünde/zu befürchten/entschwinden;
quellgründe/nicht/dadurch/fülle,
  stünde/zu befürchten/versiegen;
abertausend/geschöpfe/nicht/dadurch/leben,
  stünde/zu befürchten/verlöschen;
fürsten/könige/nicht/dadurch/ehre/achtung,
  stünde/zu befürchten/stürzen.

also:
  geehrte/hat/verachtete/als/wurzel,
  geachtete/hat/niedere/als/grundlage.

Die einst das Eine gewannen:

Der Himmel gewann das Eine
und dadurch Reinheit,
die Erde gewann das Eine
und dadurch Ruhe,
die Manen gewannen das Eine
und dadurch Wirkkraft,
die Quellgründe gewannen das Eine
und dadurch Fülle,
die abertausend Geschöpfe gewannen das Eine
und dadurch Leben,
die Fürsten und Könige gewannen das Eine
und das Reich dadurch Unerschütterlichkeit:
Sie alle brachten es dazu.

Hätte der Himmel nicht dadurch Reinheit,
es stünde zu befürchten, daß er zerbirst,
hätte die Erde nicht dadurch Ruhe,
es stünde zu befürchten, daß sie aufbräche,
hätten die Manen nicht dadurch Wirkkraft,
es stünde zu befürchten, daß sie entschwänden,
hätten die Quellgründe nicht dadurch Fülle,
es stünde zu befürchten, daß sie versiegten,
hätten die abertausend Geschöpfe nicht dadurch Leben,
es stünde zu befürchten, daß sie verlöschten,
hätten die Fürsten und Könige nicht dadurch Ehre und Achtung,
es stünde zu befürchten, daß sie stürzten.

Also:
Das Geehrte hat das Verachtete zur Wurzel,
das Geachtete hat das Niedere zur Grundlage.

dar-/um/fürsten/könige/sich/nennen
    verwaist/verlassen/un-/beachtet.
dies/nicht,
    weil/verachtete/als/wurzel?

darum:
    erstrebt/zahlreiche/ehren,
        ohne/ehre.

nicht/wünsche/glitzern/gleißen/wie/juwel,
    rauh/schroff/wie/fels.

Darum nennen sich auch die Fürsten und Könige
verwaist, verlassen und unbeachtet.

Und tun sie das nicht,
weil sie das Verachtete zur Wurzel haben?

Darum:
Wer zahlreiche Ehren erstrebt,
ist ohne Ehre.

Wünsche nicht, zu glitzern und zu gleißen wie ein Juwel,
sondern rauh und schroff zu sein wie ein Fels.

gegensatz/des/weges/bewegendes,
nachgiebigkeit/des/weges/brauchbares:
himmel/unten/abertausend/geschöpfe/leben/vom/sein,
sein/lebt/vom/nichts.

Gegensatz ist dem rechten Wege der Antrieb,
  Nachgiebigkeit ist dem rechten Wege das Mittel:
Die Welt der abertausend Geschöpfe lebt vom Sein,
  das Sein aber lebt vom Nichts.

hohe/bildung/hört vom/weg:
  müht sich/und/geht/ihn;
mittlere/bildung/hört vom/weg:
  bald/behält/bald/vergißt;
niedere/bildung/hört vom/weg:
  groß/verlacht/ihn –
nicht/verlacht,
  nicht/genug/nahm/für/weg.

denn/begründete/worte/gibt/es:
  klare/weg/wie/verschwommen,
  vorwärts/weg/wie/zurück,
  glatte/weg/wie/holperig,
  hohe/gesinnung/wie/quellgrund,
  große/reinheit/wie/schande,
  umfängliche/gesinnung/wie/unzureichend,
  begründete/gesinnung/wie/erschlichen,
  gediegene/echtheit/wie/schillernd,
  große/viereck/ohne/ecken,
  große/gefäß/spät/vollendet,
  große/ton/selten/klang,
  große/bild/ohne/form.

weg/birgt/sich/ohne/namen –

  doch/nur/weg/vortrefflich
  verleiht/überdies/vollendung.

Die hohe Bildung hört vom rechten Wege:
Sie müht sich drum und geht ihn;
die mittlere Bildung hört vom rechten Wege:
Bald behält, bald vergißt sie ihn;
die niedere Bildung hört vom rechten Wege:
Groß verlacht sie ihn –
Verlachte sie ihn nicht,
so nahm sie ihn nicht genug als rechten Weg.

Denn wohlbegründete Worte gibt es:
Der klare Weg ist wie verschwommen,
das Vorwärts auf dem rechten Weg ist wie ein Zurück,
der glatte Weg ist wie holprig,
die hohe Gesinnung ist wie ein Quellgrund,
die große Reinheit ist wie Schande,
die umfängliche Gesinnung ist wie unzureichend,
die begründete Gesinnung ist wie erschlichen,
die gediegene Echtheit ist wie schillernd,
das große Viereck ist ohne Ecken,
das große Gefäß wird spät vollendet,
der große Ton hat selten Klang,
das große Bild ist ohne Form.

Der rechte Weg birgt sich ins Namenlose –

Doch nur der rechte Weg ist vortrefflich
und verleiht überdies Vollendung.

weg/schafft/eine,
  eine/schafft/zwei,
  zwei/schafft/drei:
drei/schafft
  abertausend/geschöpfe.

abertausend/geschöpfe
  rücken zukehren/dunkel
  und/umarmen/lichte:
leere/geisterkraft
  daraus/macht/einklang.

leute/das/was/verabscheuen,
  nun/verwaist/verlassen
  un-/beachtet sein.
und doch/könige/fürsten
  daraus/sich machen/ehrennamen.

darum/geschöpfe:
  mal/mindert/sie,
    und das/mehrt,
  mal/mehrt/sie,
    und das/mindert.

leute/das/was/lehren/ich/auch/lehre:
  starker/balken/nicht/nimmt/gutes/ende.

ich/werde/daraus/machen/lehre/vater.

Der rechte Weg schafft das Eine,
das Eine schafft die Zwei,
die Zwei schafft die Drei:
Die Drei aber schafft
die abertausend Geschöpfe.

Die abertausend Geschöpfe jedoch,
sie kehren dem Dunkel den Rücken
und umarmen das Lichte:
Die Geisterkraft der Leere aber
macht daraus den Einklang.

Das, was die Leute verabscheuen,
nun, das ist, verwaist, verlassen
und unbeachtet zu sein.
Und doch machen die Könige und Fürsten
sich daraus einen Ehrennamen.

Darum die Geschöpfe:
Bald mindert er sie,
und das mehrt sie,
bald mehrt er sie,
und das mindert sie.

Das, was die Leute lehren, das lehre auch ich:
»Ein starker Balken nimmt kein gutes Ende.«

Das werde ich zum Vater meiner Lehre machen.

des/himmels/unten/aller-/weichstes/erreicht/überholt
des/himmels/unten/aller-/härtestes:
nichts/sein/durchdringen sich
ohne/zwischenraum.

ich/da-/her/weiß:
des/ohne/tuns/besitz/mehrt/sich.

ohne/wort/lehren,
ohne/tun/mehren –
himmel/unten/selten/erreicht/es.

Der Welt Allerweichstes ereilt und überholt
der Welt Allerhärtestes:
Das Nichts und das Sein durchdringen sich
ohne Zwischenraum.

Daher weiß ich:
Des Tatlosen Besitz mehrt sich.

Das wortlose Lehren,
das tatlose Mehren –
die Welt erreicht es selten.

name/oder/leib:
  was/näher?
leib/oder/habe:
  was/mehr?
gewinn/oder/verlust:
  was/ärger?

diesem/grunde:
  allzu sehr/liebt,
    gewiß/groß/verschwenden,
  allzu viel/spart,
    gewiß/schwer/verlieren.

wissen/genügen,
  nicht/zu schmähen,
wissen/einzuhalten,
  nicht/zu gefährden –
kann/so/über-/dauern.

Der Name oder der Leib:
  was ist näher?
Der Leib oder die Habe:
  was ist mehr?
Gewinn oder Verlust:
  was ist ärger?

Aus diesem Grunde:
  Wer allzusehr liebt,
    der wird sich gewiß groß verschwenden;
  wer allzuviel spart,
    der wird gewiß schwer verlieren.

Wer aber weiß, wann genug,
  der ist nicht zu schmähen,
wer aber weiß, wann einzuhalten,
  der ist nicht zu gefährden –
und kann so überdauern.

große/vollendung/wie/stückwerk:
    ihre/brauchbarkeit/nicht/zu verhunzen;
  große/fülle/wie/leere:
    ihre/brauchbarkeit/nicht/zu erschöpfen;
  große/geradheit/wie/sich ducken,
    großes/können/wie/ungeschick,
  große/beredsamkeit/wie/stammeln.

laute/bezwingt/kühle,
  stille/bezwingt/hitzige.

lauterkeit/stille
  wirken/himmel/unten/rechtschaffenes.

Große Vollendung ist wie Stückwerk:
Ihre Brauchbarkeit ist nicht zu verhunzen;
große Fülle ist wie Leere:
Ihre Brauchbarkeit ist nicht zu erschöpfen;
große Geradheit ist wie Sichducken
großes Können ist wie Ungeschick,
große Beredsamkeit ist wie Gestammel.

Das Laute bezwingt das Kühle,
das Stille bezwingt das Hitzige.

Lauterkeit und Stille aber
wirken in der Welt das Rechtschaffene.

himmel/unten/hat/weg:
abschirren/saum-/pferde/zum/jauchen;
himmel/unten/ohne/weg:
streit-/rosse/wachsen/in/gemarken.

elend/kein/größeres
als/nicht-/wissen/genügen,
verbrechen/kein/größeres
als/begehren/gewinn.

denn/wissen/des/genügens/genüge
beständiges/genügen.

Hat die Welt den rechten Weg:
  Saumpferde werden abgeschirrt zum Jauchen;
ist die Welt ohne rechten Weg:
  Streitrosse wachsen auf in den Gemarken.

Kein größeres Elend
  als das Nichtwissen vom Sichgenügen,
kein größeres Verbrechen
  als das Begehren nach Gewinn.

Denn das Wissen von des Sichgenügens Genüge
  ist beständiges Genügen.

nicht/hinausgehen/tor,
  kennen/himmel/unten,
nicht/hinausspähen/fenster,
  sehen/himmel/weg:
würde/hinausgehen/sehr/weit,
  würde/wissen/sehr/wenig.

dar-/um/weise/mann:
  nicht/reist,
    doch/kennt,
  nicht/guckt,
    doch/rühmt,
  nicht/handelt,
    doch/vollendet.

Nicht zum Tore hinausgehen
und die Welt kennen,
nicht zum Fenster hinausspähen
und des Himmels Weg sehen:
Geht man sehr weit hinaus,
weiß man sehr wenig.

Darum der Weise:
Nicht reist er,
doch er kennt,
nicht guckt er,
doch er rühmt,
nicht handelt er,
doch er vollendet.

übt/lernen,
  täglich/zunimmt,
übt/weg,
  täglich/abnimmt:
abnimmt/immer weiter/abnimmt,
  so/ankommt/beim/ohne/tun:
nichts/tun –
  und dabei/nichts/nicht/getan.

erobert/himmel/unten/stets
  durch/un-/geschäftigkeit . . .

langt nach/ihr/voll/geschäftigkeit,
  nicht/zureicht/um/erobern/himmel/unten.

Übt man das Lernen,
so nimmt man täglich zu,
übt man den rechten Weg,
so nimmt man täglich ab:
Man nimmt ab und immer weiter ab
und kommt so zur Tatlosigkeit:
Man tut nichts –
und dabei ist nichts nicht getan.

Man erobert die Welt stets
durch Ungeschäftigkeit . . .

Langt man nach ihr aber voll Geschäftigkeit,
so reicht das nicht zu, die Welt zu erobern.

weise/mann/ohne/beständiges/wollen:
  darum/aberhundert/sippen/wollen/ist/wollen.

  guten/ich/gut/ihnen,
  nicht-/guten/ich/auch/gut/ihnen:
    gesinnung/güte.
  aufrichtigen/ich/aufrichtig/ihnen,
  un-/aufrichtigen/ich/auch/aufrichtig/ihnen:
    gesinnung/aufrichtigkeit.

weise/mann/lebt/himmel/unten
  verschwiegen/verschlossen –

aberhundert/sippen alle/richten
  ihre/ohren/augen/auf ihn:
weisen/mann/alle/kinder/sie.

Der Weise ist ohne beständiges Wollen:
ihm ist der aberhundert Sippen Wollen das Wollen.

Den Guten – ich bin ihnen gut,
den Nichtguten – ich bin ihnen auch gut:
denn rechte Gesinnung ist Güte.
Den Aufrichtigen – ich bin ihnen aufrichtig,
den Unaufrichtigen – ich bin ihnen auch aufrichtig:
denn rechte Gesinnung ist Aufrichtigkeit.

Der Weise lebt in der Welt
so verschwiegen und verschlossen –

Die aberhundert Sippen richten alle
ihre Ohren und Augen auf ihn:
dem Weisen sind sie alle Kinder.

hinausgehen/leben
  eintreten/tod . . .

des/lebens/gefährten –
  zehn/sind/drei;
des/todes/gefährten –
  zehn/sind/drei;
menschen/denen/leben
  des/sichtummelns/richtstätte –
  auch/zehn/sind/drei.

aber/welchem/grunde?

weil/sie/leben/des/lebens/üppigkeit.

indes/hört man:
  wer/vortrefflich/führt/leben,
    land/durchwandert
    nicht/begegnet/nashorn/tiger,
    tritt unter/heere
    nicht/trägt/panzer/waffe:
    nashorn/hat nichts,
    worauf/werfe/sein/horn,
    tiger/hat nichts,
    worauf/lege/seine/pranke,
    waffe/hat nichts,
    woran/hefte/ihre/schneide.

aber/welchem/grunde?

weil/er/ohne/richtstätte.

Das Geborenwerden
ist der Eintritt des Todes . . .

Des Lebens Gefährten –
von zehn sind es drei;
des Todes Gefährten –
von zehn sind es drei;
Menschen, denen das Leben
des Sichtummelns Richtstätte –
von zehn sind es auch drei.

Aus welchem Grunde aber?

Weil sie des Lebens Üppigkeit leben.

Indes hört man:
Wer das Leben vortrefflich zu führen weiß,
der durchwandert das Land
und begegnet nicht Nashorn noch Tiger,
der tritt unter die Heere
und trägt nicht Panzer noch Waffe;
denn das Nashorn findet nichts,
worauf es werfe sein Horn,
der Tiger findet nichts,
worauf er lege seine Pranke,
und die Waffe findet nichts,
woran sie hefte ihre Schneide.

Aus welchem Grunde aber?

Weil es für ihn keine Richtstätte gibt.

weg/schafft/sie,
  gesinnung/erzieht/sie,
  wesen/gestaltet/sie,
  einfluß/vollendet/sie.

dar-/um/abertausend/geschöpfe/keines,
  nicht/hochhält/weg
  und/schätzt/gesinnung.

weg/ihnen/hochgehalten
  gesinnung/ihnen/geschätzt,
nun/niemand/ihnen/befiehlt
  und/beständige/selbst-/verständlich.

darum:
  weg/schafft/sie
  gesinnung/erzieht/sie,
    läßt wachsen/sie/ernährt/sie,
    schirmt/sie/haßt/sie,
    erhält/sie/zerstört/sie.

schaffen/und/nicht/besitzen,
  wirken/und/nicht/darauf pochen,
  wachsen lassen/und/nicht/regieren:
das/ist/urtümliche/gesinnung.

Der rechte Weg schafft sie,
die rechte Gesinnung erzieht sie,
das rechte Wesen formt sie,
und der rechte Einfluß vollendet sie.

Darum ist unter den abertausend Geschöpfen keines,
das nicht den rechten Weg hochhält
und die rechte Gesinnung schätzt.

Wird der rechte Weg von ihnen hochgehalten
und die rechte Gesinnung von ihnen geschätzt,
nun, so befiehlt ihnen niemand,
und das Beständige ist das Selbstverständliche.

Denn:
Der rechte Weg schafft sie,
und die rechte Gesinnung erzieht sie,
läßt sie wachsen und nährt sie,
schirmt sie und haßt sie,
erhält sie und zerstört sie.

Schaffen und nicht besitzen,
wirken und nicht darauf pochen,
wachsen lassen und nicht regieren:
Das ist die urtümlich rechte Gesinnung.

himmel/unten/ist/urbeginnliches:
wirkt/als/himmel/unten/mutter.

hat/gefunden/seine/mutter,
so/erkennt/seine/sohnschaft;
hat/erkannt/seine/sohnschaft,
kehrt um/bewahrt/seine/mutter.

untergehendes/selbst/nicht/zu gefährden –

droßle/sein/gerede,
schließe/seine/türe
schließlich/selbst/ohne/mühe.

öffne sich/seinem/gerede,
vollbringe/seine/geschäfte
schließlich/selbst/un-/behütet.

beachten/kleine
nennt man/klarheit;
bewahren/nachgiebigkeit
nennt man/stärke.

brauche/dieses/licht
wieder/kehre zurück/seiner/klarheit
nicht/überliefere/sich selbst/verderben:
das/ist/sichüben im/beständigen.

Auf der Welt ist ein Urbeginnliches:
Das wirkt der Welt als Mutter.

Hat man seine Mutter gefunden,
so erkennt man seine Sohnschaft;
hat man seine Sohnschaft erkannt,
so kehrt man um und bewahrt seine Mutter.

Ein untergehendes Selbst ist nicht zu gefährden –

Man droßle sein Gerede,
schließe seine Türe,
und schließlich ist man selbst bar der Mühe.

Man öffne sich seinem Gerede,
vollbringe seine Geschäfte,
und schließlich ist man selbst unbehütet.

Das Beachten des Kleinen
nennt man Klarheit;
das Bewahren der Nachgiebigkeit
nennt man Stärke.

Man brauche dieses Licht
und kehre wieder zurück zu seiner Klarheit
und überliefere nicht sich selbst dem Verderben:
Das ist das Sichüben im Beständigen.

bemühen um/meine/äußerlichkeiten
  gibt/kenntnisse:
wandel/auf/großem/weg
  nur/nachlassen/wirklich/zu fürchten.

große/weg/sehr/eben
    doch/volk/liebt/abwege:
  höfe/sehr/gefegt
    felder/sehr/unkraut,
  scheunen/sehr/leer
    kleider/fein/bunt,
  gürtel/scharfen/dolch
    übersatt/trank/speise,
  reich/hab und gut
    haben/überfluß:
das/ist/räuber/sich brüsten
    falsche/weg/glatt!

Das Sichbemühen um meine Äußerlichkeiten
gibt Kenntnisse:
Der Wandel auf dem großen Wege aber
hat nur das Nachlassen wirklich zu fürchten.

Der große Weg ist sehr eben –
und dennoch liebt das Volk die Abwege:
die Höfe sehr gefegt
und die Felder voll Unkraut,
die Scheunen recht leer
und die Kleider fein bunt,
im Gürtel den scharfen Dolch
und übersatt von Trank und Speise,
reich an Hab und Gut
und das im Überfluß:
Das ist es, womit Räuber sich brüsten,
und glatt der falsche Weg!

gut/gegründetes/nicht/zu entwurzeln,
gut/gehegtes/nicht/zu entwenden:
söhne/enkel
mit/opfern/beten/nicht/aufhören.

pflegt/sie/an/sich selbst,
solche/gesinnung/dann/echtheit,
pflegt/sie/im/hause,
solche/gesinnung/dann/überfluß,
pflegt/sie/im/dorfe,
solche/gesinnung/dann/gedeihen,
pflegt/sie/im/lande,
solche/gesinnung/dann/fülle,
pflegt/sie/in/himmel/unten,
solche/gesinnung/dann/allgemein.

darum:
um/des selbstes/betrachte/selbst,
um/des hauses/betrachte/haus,
um/des dorfes/betrachte/dorf,
um/des landes/betrachte/land,
um/des himmels/unten/betrachte/himmel/unten.

ich/wo-/her/weiß/himmel/unten/so ist?

durch/dies.

Gut Gegründetes ist nicht zu entwurzeln,
  gut Gehegtes ist nicht zu entwenden:
Und die Söhne und Enkel
  hören mit Opfern und Beten nicht auf.

Pflegt man sie an sich selbst,
  dann gibt solche Gesinnung Echtheit,
pflegt man sie im Hause,
  dann gibt solche Gesinnung Überfluß,
pflegt man sie im Dorfe,
  dann gibt solche Gesinnung Gedeihen,
pflegt man sie im Lande,
  dann gibt solche Gesinnung Fülle,
pflegt man sie in der Welt,
  dann ist solche Gesinnung das Allgemeine.

Darum:
  Um des Selbstes willen betrachte man das Selbst,
  um des Hauses willen betrachte man das Haus,
  um des Dorfes willen betrachte man das Dorf,
  um des Landes willen betrachte man das Land,
  um der Welt willen betrachte man die Welt.

Woher ich weiß, daß es in der Welt so ist?

  Durch dies.

birgt in sich/der/gesinnung/fülle,
  vergleichen/mit/neugeborenem/kind:
wespen/skorpione/schlangen/nicht/stechen,
  reißende/wilde/tiere/nicht/packen
  raub-/vögel/nicht/stoßen.
knochen/zart/sehnen/weich
  und dennoch/greift/fest.
noch nicht/weiß
  des/weibes/mannes/vermählung
  und dennoch/alles/regt/sich
  des/samens/fülle . . .
ganzen/tag/schreit
  und trotzdem/nicht/heiser:
des/einklangs/gipfel.

  wissen/einklang
    nennt man/beständige,
  wissen/beständige
    nennt man/erleuchtung.

mehren/leben/nennt man/glück,
  wollen/sich bedient/seelenkraft/nennt man/stärke.

geschöpfe/erstarkt/dann/altern:
  besagt/sie/ohne/weg.

  ohne/weg
    bald/am ende.

Birgt man der rechten Gesinnung Fülle in sich,
so ist man dem neugeborenen Kinde zu vergleichen:
Wespen, Skorpione und Schlangen stechen es nicht,
reißende, wilde Tiere packen es nicht,
und die Raubvögel stoßen nicht nach ihm.
Zart sind seine Knochen, weich seine Sehnen,
und dennoch greift es fest zu.
Es weiß noch nichts
von des Weibes und Mannes Vermählung,
und dennoch regt sich ihm alles
in des Samens Fülle . . .
Den ganzen Tag über schreit es,
und es wird trotzdem nicht heiser:
Das ist des Einklangs Gipfel.

Das Wissen vom Einklang
nennt man das Beständige,
das Wissen vom Beständigen
nennt man Erleuchtung.

Das Mehren des Lebens nennt man Glück,
Wollen, das sich der Seelenkraft bedient, Stärke.

Sind die Geschöpfe erstarkt, dann altern sie:
Das besagt, sie sind ohne rechten Weg.

Was aber ohne rechten Weg ist,
das ist bald am Ende.

wissende/nicht/redet,
redende/nicht/weiß:
droßle/seine/rederei,
schließe/seine/türe,
dämpfe/seinen/eifer,
löse/seine/wirrsal,
mildere/seinen/glanz,
werde eins/seinem/staube:
das/heißt/urtümlichen/eins werden.

also:
nicht/kann/erreichen
und/näher kommen,
nicht/kann/erreichen
und/fern bleiben,
nicht/kann/erreichen
und/nützen,
nicht/kann/erreichen
und/schaden,
nicht/kann/erreichen
und/schätzen,
nicht/kann/erreichen
und/verachten:
darum/wird/himmel/unten/geschätzt.

Der Wissende redet nicht,
der Redende weiß nicht:
Er droßle sein Gerede
und schließe seine Türe,
er dämpfe seinen Eifer
und löse seine Wirrsal,
er mildere seinen Glanz
und werde eins seinem Staube:
Das heißt, dem Urtümlichen eins werden.

Also:
Man kann ihn nicht erreichen
und ihm näher kommen,
man kann ihn nicht erreichen
und ihm fern bleiben,
man kann ihn nicht erreichen
und ihm nützen,
man kann ihn nicht erreichen
und ihm schaden,
man kann ihn nicht erreichen
und ihn schätzen,
man kann ihn nicht erreichen
und ihn verachten:
Darum wird er von der Welt geschätzt.

durch/rechtschaffene/leitung/reiches,
  durch/seltenen/gebrauch/waffen,
  durch/un-/geschäftigkeit/erobert/himmel/unten.

ich/wo-/her/weiß/es/so/ist?

durch/dies:
  himmel/unten/zuviel/beschränkungen/verbote,
    so/volk/immer/ärmer;
  volk/zuviel/wohlstand/geräte,
    reich/sippe/immer/finstrer;
  mensch/zuviel/erfindungsgabe/geschick,
    seltsame/dinge/immer mehr/aufkommen;
  gesetze/gebote/immer/schärfer,
    räuber/diebe/viel/gibt.

darum/weise/mann/sagt:
  ich/ohne/tun
    und/volk/von selber/bildet,
  ich/liebe/stille
    und/volk/von selber/recht,
  ich/un-/geschäftig
    und/volk/von selber/reich,
  ich/ohne/wunsch
    und/volk/von selber/schlicht.

Durch rechtschaffene Leitung des Reiches,
  durch seltenen Gebrauch der Waffen,
  durch Ungeschäftigkeit erobert man die Welt.

Woher ich weiß, daß es so ist?

Durch dies:
  Hat die Welt zuviel Beschränkungen und Verbote,
    so wird das Volk immer ärmer;
  hat das Volk zu viele Mittel des Wohlstands,
    werden Reich und Sippe immer finstrer;
  hat der Mensch zuviel Erfindungsgabe und Geschick,
    kommen immer seltsamere Dinge auf;
  werden die Gesetze und Gebote immer schärfer,
    so gibt es der Räuber und Diebe viel.

Darum sagt sich der Weise:
  Ich bin tatlos,
    und das Volk bildet sich wie von selber,
  ich liebe die Stille,
    und das Volk wird wie von selber recht,
  ich bin ungeschäftig,
    und das Volk wird wie von selber reich,
  ich bin wunschlos,
    und das Volk wird wie von selber schlicht.

jener/herrscht/bedrückt/bekümmert,
  sein/volk/redlich/lauter:
dieser/herrscht/prüfend/forschend,
  sein/volk/geknickt/gebrochen . . .

elend/ach,
  glück/das/worauf/stützt,
glück/ach,
  elend/das/worunter/birgt.

wer/weiß/wäre/höchstes,
  würde/nicht/rechten?

rechte/verkehrt sich
  wird/ungebührliches,
vortreffliche/verkehrt sich
  wird/absonderes –
des/menschen/verblendung
  sie/täglich/fester/dauerhafter.

dar-/um/weise/mann:
  rechtwinklig,
    doch/nicht/schneidend,
  eckig,
    doch/nicht/verletzend,
  gerade,
    doch/nicht/zügellos,
  glänzt,
    doch/nicht/prangt.

Jener herrscht so bedrückt und bekümmert,
  und sein Volk ist so redlich und lauter:
Dieser herrscht so prüfend und forschend,
  und sein Volk ist so geknickt und gebrochen . . .

Das Elend, ach, ist es,
  worauf das Glück sich stützt,
das Glück, ach, ist es,
  worunter das Elend sich birgt.

Wer weiß, daß es das Höchste wäre,
  wenn er nicht rechtete?

Das Rechte verkehrt sich
  und wird zum Ungebührlichen,
das Vortreffliche verkehrt sich
  und wird zu etwas Absonderem –
und des Menschen Verblendung,
  sie wird täglich stärker und dauerhafter.

Darum der Weise:
  Er ist rechtwinklig,
    doch nicht schneidend,
  er ist eckig,
    doch nicht verletzend,
  er ist gerade,
    doch nicht zügellos,
  er glänzt,
    doch er prangt nicht.

leiten/leute
  dienst/himmel,
niemand/wie/ährenlesen.

doch/nur/ährenlesen,
  das/heißt/frühauf/sich beugen:
frühauf/sich beugen,
  das/heißt/schwernehmen
aufhäufen/gesinnung.

schwernehmen/aufhäufen/gesinnung,
  dann/nichts/nicht/meistert;
nichts/nicht/meistert,
  dann/nicht/kennt/seine/grenzen;
nicht/kennt/seine/grenzen,
  kann/so/besitzen/reich:
besitzt/des/reiches/mutter,
  kann/so/lange/dauern.

das/heißt/tief/verwurzeln/fest/begründen:
des/langen/lebens/dauernden/schauens/weg.

Beim Leiten der Leute
  im Dienste des Himmels
ist niemand wie beim Ährenlesen.

Doch nur beim Ährenlesen,
  da heißt es, von frühauf sich beugen:
von frühauf sich beugen,
  das heißt aber, es schwernehmen
mit dem Aufhäufen der rechten Gesinnung.

Nimmt man das Aufhäufen der rechten Gesinnung schwer,
  dann gibt es nichts, was man nicht meisterte;
gibt es nichts, was man nicht meisterte,
  dann weiß man nichts von seinen Grenzen;
weiß man aber nichts von seinen Grenzen,
  so kann man das Reich besitzen:
Besitzt man aber des Reiches Mutter,
  so kann man lange dauern.

Das heißt, sich tief verwurzeln und fest begründen:
des langen Lebens und dauernden Schauens rechter Weg.

leiten/großes/reich
   wie/braten/kleiner/fische –

durch/weg/verwaltet/himmel/unten,
   ihre/manen/nicht/geistern.
nicht/ihre/manen/nicht/geistern,
   ihr/geistern/nicht/quält/menschen.
nicht/ihr/geistern/nicht/quält/menschen,
   weise/mann/auch/nicht/quält/menschen.
doch/beide/nicht/einander/quälen,
   weil/gesinnung/miteinander/vermählt.

Das Leiten eines großen Reiches
ist wie das Braten kleiner Fische –

So man auf dem rechten Wege die Welt verwaltet,
geistern ihre Manen nicht.
Nicht, daß ihre Manen nicht geisterten,
doch ihr Geistern quält die Menschen nicht;
nicht nur, daß ihr Geistern die Menschen nicht quält,
sondern auch der Weise quält die Menschen nicht.
Beide quälen einander jedoch nicht,
weil die rechte Gesinnung sie miteinander vermählt.

großes/reich/unten/hinströme:
des/himmels/unten/sammelpunkt,
des/himmels/unten/weibliches.

weibliches/beständig
durch/stille/bezwingt/männliches:
durch/stille/halten/unten.

darum:
große/reich
so/unter/kleines/reich,
dann/erobert/kleines/reich;
kleines/reich
so/unter/großes/reich,
dann/erobert/großes/reich.

also:
eine/unter,
um/zu erobern,
andre/unter
und dabei/erobert.

großes/reich/nichts/weiter/wünsche
umfassen/hegen/andere,
kleines/reich/nichts/weiter/wünsche
aufgehen/dienen/andern.

denn/beide/jedes/gewinnt/das,
was/wünscht:
große/geziemt,
halten/unten.

Ein großes Reich ströme unten dahin:
  Es sei der Welt Sammelpunkt,
  der Welt Weibliches.

Das Weibliche bezwingt beständig
  durch Stille das Männliche:
Durch Stille hält es sich unten.

Darum:
  Stellt sich ein großes Reich
    so unter das kleine Reich,
    dann erobert es das kleine Reich;
  stellt sich ein kleines Reich
    so unter das große Reich,
    dann erobert es das große Reich.

Also:
  Das eine unterstellt sich,
    um zu erobern,
  das andre unterstellt sich
    und wird dabei erobert.

Das große Reich aber wünsche sich nichts weiter,
  als das andere zu umfassen und zu hegen,
das kleine Reich jedoch wünsche sich nichts weiter,
  als im andern aufzugehen und ihm zu dienen.

Denn so gewinnt von beiden jedes,
  was es sich wünscht:
Dem großen aber geziemt es sich,
  sich unten zu halten.

weg
der/abertausend/geschöpfe/andachtswinkel:
der/guten/menschen/schatz,
der/un-/guten/menschen/zuflucht-/stätte.

schöne/worte/kann/brauchen/beim/markten,
edler/wandel/vermag/menschen/fördern.

der/menschen/un-/gute,
warum/verwerfen/sie/sind?

dafür/eingesetzt/himmels-/sohn
eingerichtet/drei/erzämter.

selbst wenn
besäße/himmelssinnbild aus Jade
damit/voranginge/viergespann,
nicht/wie
sitzend/vorankommen/diesen/weg.

der/alten/grund,
zu/schätzen/diesen/weg/was?

nicht/sagten,
daß/sucht/findet,
besitzt/schuld,
dadurch/entgeht/verderben?

darum/er wird/himmel/unten/geschätzt.

Der rechte Weg ist
der abertausend Geschöpfe Andachtswinkel:
den guten Menschen ein Schatz,
den schlechten Menschen eine Zuflucht.

Schöne Worte sind angebracht beim Markten,
ein edler Wandel vermag die Menschen zu fördern.

Die Menschen, die schlecht sind,
warum sollte man sie verwerfen?

Dafür wurde der Himmelssohn eingesetzt
und wurden die drei Erzämter eingerichtet.

Doch selbst wenn man
das Himmelssinnbild aus Jade besäße
und damit dem Viergespann voranginge,
so wäre das nicht wie
sitzend voranzukommen auf diesem, dem rechten Wege.

Was aber war wohl der Grund,
daß die Alten diesen Weg so schätzten?

Sagten sie nicht,
daß, wer sucht, findet,
und daß, wer schuldbeladen,
dadurch dem Verderben entgeht?

Darum wird er auf der Welt so geschätzt.

übe/ohne/tun,
diene/un-/geschäftigkeit,
koste/ohne/reiz:
großes/klein,
vieles/wenig,
vergilt/groll
durch/gesinnung.

plane/schwieriges/in/seinem/leichten,
übe/großes/in/seinem/geringfügigen:
himmel/unten/schwierige/dinge
muß/beginnen/beim/leichten,
himmel/unten/große/dinge
muß/beginnen/beim/geringfügigen.

dar-/um/weise/mann:
weil/zuletzt
tut/großes,
darum/imstande,
vollenden/seine/größe.

doch/leichthin/zustimmt,
gewiß/wenig/glauben,
vieles/leichtnimmt,
gewiß/viel/schwierigkeiten.

dar-/um/weise/mann:
hält für/schwierig/es,
deshalb/bis zuletzt
keine/schwierigkeiten/eben.

Übe die Tatlosigkeit,
  diene der Ungeschäftigkeit
und koste das Reizlose:
  Großes wird klein
  und Vieles wenig,
und es vergilt sich Groll
  durch rechte Gesinnung.

Plane das Schwierige in seinem Leichten,
  übe das Große in seinem Geringfügigen:
Denn auf der Welt muß man die schwierigen Dinge
  beim Leichten beginnen,
auf der Welt muß man die großen Dinge
  beim Geringfügigen beginnen.

Darum der Weise:
  Weil er bis zuletzt
    nichts um des Großen willen tut,
  darum ist er imstande,
    seine Größe zu vollenden.

Doch wer leichthin zustimmt,
  der findet gewiß wenig Glauben,
wer vieles leichtnimmt,
  der hat gewiß viel Schwierigkeiten.

Darum der Weise:
  Weil er es für schwierig hält,
  deshalb hat er eben bis zuletzt
    keine Schwierigkeiten.

was/friedlich,
  leicht/halten,
was/noch nicht/entschieden,
  leicht/planen,
was/brüchig,
  leicht/zerspellt,
was/winzig,
  leicht/zerstreut.

wirke/das
  als/noch nicht/da sein,
ordne/das
  als/noch nicht/wirr:
vereint/zu umfangender/baum
  wächst/aus/haarfeinem/sprößling,
neun-/stöckiger/turm
  erhebt sich/aus/häufchen/erde,
tausend/meilen/reise
  beginnt/wo/fuß/unter.

  tat/zerstört/es,
    zupacken/verliert/es.

dar-/um/weise/mann:
  ohne/tun,
    darum/nichts/zerstört,
  ohne/zupacken,
    darum/nichts/verliert.

leute/sie/folgen/geschäfte,
  immer/wenn/fast/vollenden,
    dann/zerstören/es:
  behutsam/ende/wie/anfang,
    dann/nicht/zerstören/es.

Was friedlich ist,
  ist leicht zu halten,
was sich noch nicht entschied,
  ist leicht zu planen,
was brüchig ist,
  ist leicht zerspellt,
was winzig ist,
  ist leicht zerstreut.

Man wirke auf das,
  was noch nicht da ist,
und ordne das,
  was noch nicht wirr ist:
Ein nur vereint zu umfangender Baum
  erwächst aus haarfeinem Sprößling,
ein neunstöckiger Turm
  erhebt sich aus einem Häufchen Erde,
eine tausend Meilen weite Reise
  beginnt dort, wo man steht.

  Die Tat zerstört es,
    das Zupacken verliert es.

Darum der Weise:
  Er ist bar der Tat,
    und darum zerstört er nichts,
  er ist bar des Zupackens,
    und darum verliert er nichts.

Die Leute aber – sie folgen dem Geschäfte,
  und immer, wenn sie es fast vollenden,
    dann zerstören sie es:
  Wären sie so behutsam am Ende wie zu Beginn,
    dann zerstörten sie es nicht.

dar-/um/weise/mann:
  wünscht/nicht/wünschen,
    nicht/schätzt
    schwer/zu erlangende/güter,
  lernt/nicht/lernen,
    zuwendet sich
    alle/andern/woran/vorübergehen:
  so/unterstützt
    der/abertausend/geschöpfe/natürlichkeit:
    und/nicht/wagt/tat.

Darum der Weise:
Er wünscht, wunschlos zu sein,
und schätzt nicht
schwer zu erlangende Güter,
er lernt, nicht zu lernen,
und wendet sich dem zu,
woran alle andern vorübergehn:
So unterstützt er
der abertausend Geschöpfe Natürlichkeit:
Nicht wagt er die Tat.

die/vor alters/vortrefflich/übten/weg,
nicht/um/aufzuklären/volk:
wollten/daß/naiv/es.

volk/es/schwierig/zu leiten,
weil/es/klug/zuviel.

darum:
mit/klugheit/leiten/reich,
des/reiches/ruin,
nicht/mit/klugheit/leiten/reich,
des/reiches/glück.

weiß/dies/beides,
auch/erprobtes/vorbild:
beständig/wissen/erprobtes/vorbild,
das/heißt/urtümliche/gesinnung.

urtümliche/gesinnung
tief/so/weit/so
mit/dingen/widerspruch/so.

aber/folgt/dann/naht/große/einklang.

Die vor alters vortrefflich den rechten Weg übten,
taten dies nicht, um das Volk aufzuklären:
Sie wollten, daß es naiv bleibe.

Das Volk, es ist schwer zu leiten,
weil es zu klug ist.

Darum:
Mit Klugheit das Reich zu leiten,
das ist des Reiches Ruin,
nicht mit Klugheit das Reich leiten,
das ist des Reiches Glück.

Weiß man dies beides,
so weiß man auch vom erprobten Vorbild:
Das beständige Wissen vom erprobten Vorbild aber,
das ist die urtümlich rechte Gesinnung.

Die urtümlich rechte Gesinnung aber
ist so tief und weitreichend
und mit den Dingen im Widerspruch.

Folgt man ihr aber, dann naht der große Einklang.

ströme/meere/wo-/durch/imstande,
werden/aberhundert/quellgründe/herr?

weil/sie/vortrefflich/stellen unter/sie,
darum/imstande,
werden/aberhundert/quellgründe/herr.

dar-/um:
wünscht/über/volk,
muß/mit/reden/stellen unter/es,
wünscht/voran/volk,
muß/mit/selbst/stellen hinter/es.

dar-/um/weise/mann:
weilt/oben
und dabei/volk/nicht/last,
weilt/vorn
und dabei/volk/nicht/schaden.

dar-/um/himmel/unten/freudig/vorn drängt,
und das/un-/verdrossen.

weil/er/nicht/sich streitet,
darum/himmel/unten/niemand/fähig,
mit/ihm/zu streiten.

Warum sind die Ströme und Meere imstande,
der aberhundert Quellgründe Herr zu werden?

Weil sie sich vortrefflich unter sie stellen,
darum sind sie imstande,
der aberhundert Quellgründe Herr zu werden.

Also:
Wünscht man, über dem Volke zu stehen,
so muß man sich beim Reden unter es stellen,
wünscht man, dem Volke voranzugehen,
so muß man sich selbst hinter es stellen.

Darum der Weise:
Er weilt oben
und fällt dabei dem Volke nicht zur Last,
er weilt vorn
und ist dabei dem Volke nicht zum Schaden.

Und so drängt die Welt ihn freudig nach vorn,
und das unverdrossen.

Weil er sich nicht streitet,
darum ist auf der Welt niemand fähig,
mit ihm zu streiten.

himmel/unten/jeder/meint,
  mein/weg/groß,
scheine/nicht/sich zu ähneln.

doch/nur/groß,
  darum/scheint/nicht/sich zu ähneln:
würde/sich ähneln/dauernd,
  er/armselig!

ich/besitze/drei/kleinode,
  festhalte/und/bewahre/sie:
erste/besagt/gütig,
  zweite/besagt/genügsam,
dritte/besagt/nicht/wage/sein/himmel/unten/voran.

gütig,
  so/kann/kühn sein,
genügsam,
  so/kann/großzügig sein,
nicht/wage/sein/himmel/unten/voran,
  so/kann/vollendeten/gefäß/heranwachsen.

heute/verschmäht/gütig
  noch dazu/kühn,
verschmäht/genügsam
  noch dazu/großzügig,
verschmäht/hintan
  noch dazu/voran/umkommt/so.

doch/güte:
  so/ficht/dann/siegt,
  so/schützt/dann/sichert:
himmel/wird/behüten/sie,
  weil/güte/verteidigt/ihn.

Auf der Welt meint ein jeder,
mein Weg sei zwar groß,
scheine aber nicht sich selber zu ähneln.

Doch nur, weil er groß ist,
deshalb scheint er nicht sich selber zu ähneln:
Ähnelte er sich nämlich dauernd,
er wäre armselig!

Ich besitze drei Kleinode,
die halte ich fest und bewahre sie:
Das erste besagt, sei gütig;
das zweite besagt, sei genügsam;
das dritte besagt, nicht wage in der Welt voran zu sein.

Ist man gütig,
so kann man kühn sein;
ist man genügsam,
so kann man großzügig sein;
wagt man es, nicht in der Welt voran zu sein,
so kann man zu einem vollendeten Gefäß heranwachsen.

Heutzutage aber verschmäht man es, gütig zu sein,
und ist noch dazu kühn,
verschmäht man es, genügsam zu sein,
und ist noch dazu großzügig,
verschmäht man es, hintan zu sein,
und ist noch dazu voran – und kommt so um.

Doch die Güte:
So sie ficht, dann siegt sie,
so sie schützt, dann sichert sie:
Denn der Himmel wird sie behüten,
weil die Güte ihn verteidigt.

vortrefflich/handelnde/führer
nicht/kriegerisch,
vortrefflich/kämpfende
nicht/wutentbrannt,
vortrefflich/schlagende/feind
nicht teilnehmend,
vortrefflich/verwendende/menschen
wirken/ihnen/unter.

das/ist/nicht-/streitens/gesinnung,
das/ist/des/verwendens/menschen/stärke,
das/heißt/ebenbürtig/himmel:
des/altertums/allerhöchstes.

Vortrefflich handelnde Führer
sind nicht kriegerisch:
Vortrefflich kämpfende
sind nicht wutentbrannt,
vortrefflich den Feind schlagende
sind teilnahmlos,
vortrefflich die Menschen verwendende
wirken unter ihnen.

Das ist des Streitlosen rechte Gesinnung,
das ist der Menschenverwendung Stärke,
das heißt, dem Himmel ebenbürtig sein:
dem Altertum Allerhöchstes.

brauchen/waffen/sei da/wort:

ich/nicht/wage/spielen/herrn,
  sondern/spiele/gast;
nicht/wage/vorzurücken/zoll,
  sondern/weiche/fußbreit.

das/heißt:
  vorgehen/ohne/vorgehen,
  abwehren/ohne/arm,
  abschütteln/ohne/kampf,
  ergreifen/ohne/waffe.

elend/kein/größeres
  als/leichthin/verfeinden:
leichthin/verfeinden,
  fast/verlust/meiner/kleinode.

darum:
  erhobene/waffen/einander/steigern,
    wer/beweint/siegen/dürfte.

Zum Waffengebrauch sei da ein Wort:

Nicht wage ich, den Herrn zu spielen,
sondern spiele den Gast;
nicht wage ich, vorzurücken einen Zoll,
sondern weiche einen Fußbreit.

Das heißt:
ein Vorgehen ohne vorzugehn,
ein Abwehren ohne Arm,
ein Abschütteln ohne Kampf,
ein Ergreifen ohne Waffe.

Kein größeres Elend gibt es,
als sich leichthin verfeinden:
Denn sich leichthin verfeinden,
das ist fast der Verlust meiner Kleinode.

Darum:
Wo erhobene Waffen sich einander steigern,
dort dürfte, wer es beweint, obsiegen.

meine/worte/sehr/leicht/zu verstehen,
sehr/leicht/zu befolgen:
himmel/unten/niemand/fähig/zu verstehen,
niemand/fähig/zu befolgen.

worte/haben/ahn,
taten/haben/herrn.

doch/nur/nicht/versteht,
dar-/um/nicht/ich/verstanden.

die/verstehen/mich/sind selten,
also/ich/geschätzt.

dar-/um/weise/mann:
hüllt/sich/lumpen
verbirgt/juwel.

Meine Worte sind sehr leicht zu verstehen,
sehr leicht zu befolgen:
Auf der Welt aber ist niemand fähig, sie zu verstehen,
niemand fähig, sie zu befolgen.

Worte haben einen Ahn,
Taten haben einen Herrn –

Doch nur, weil man dies nicht versteht,
darum werde ich nicht verstanden.

Die mich verstehen, sind selten,
also werde ich geschätzt.

Darum der Weise:
Er hüllt sich in Lumpen
und verbirgt das Juwel.

wissen/nicht/wissen/höchstes,
  nicht-/wissen/wissen/leiden:
doch/nur/leiden/leidet,
  dar-/um/nicht/leidet.

weise/mann/nicht/leidet:
  weil/dieses/leiden/leidet,
  dar-/um/nicht/leidet.

Vom Wissen nicht wissen, ist Höchstes,
  vom Nichtwissen wissen, ist Leiden:
Doch nur, wer an diesem Leiden leidet,
  der leidet darum nicht.

Der Weise leidet nicht:
  Weil er an diesem Leiden leidet,
  darum leidet er nicht.

leute/nicht/fürchten/schreckliche,
  dann/große/schrecken/nah.

  nicht/unheimelig/das,
    was/bewohnen,
  nicht/überdrüssig/das,
    wovon/leben;
  denn/nur/nichts/verdrießt,
    des-/halb/un-/verdrossen.

dar-/um/weise/mann:
  sich/kennt,
    nicht/sich/beachtet,
  sich/liebt,
    nicht/sich/schätzt.

also:
  läßt/jenes,
  hält an/dieses.

Wenn die Leute nicht fürchten das Schreckliche,
  dann ist der große Schrecken nah.

Nicht unheimelig werde ihnen,
  was sie bewohnen,
nicht überdrüssig werde ihnen,
  wovon sie leben:
Denn nur, weil sie nichts verdrießt,
  deshalb sind sie unverdrossen.

Darum der Weise:
Er kennt sich,
  nicht beachtet er sich,
er liebt sich,
  nicht schätzt er sich.

Also:
Er läßt jenes
und hält sich an dieses.

mut/zum/wagnis/eben/bringt/um,
  mut/zum/nicht-/wagnis/eben/läßt/leben:
diese/beiden/eine/nutzen,
  andere/schaden.

des/himmels/gründe/zu hassen,
  wer/weiß/deren/ursachen?

darum: weise/mann/sogar/hält für schwierig/es.

des/himmels/weg:
  nicht/streiten,
    doch/vortrefflich/siegen,
  nicht/reden,
    doch/vortrefflich/antworten,
  nicht/rufen,
    doch/vortrefflich/von selber/kommen,
  weitherzig,
    doch/vortrefflich/rechnen.

himmels/netz
  allumfassend/weitmaschig –
    doch/nichts/durchlassen.

Der Mut zum Wagnis – bringt um,
  der Mut zum Nichtwagnis – läßt leben:
Von diesen beiden ist der eine von Vorteil
  und der andere zum Schaden.

Des Himmels Gründe, zu hassen –
  wer wüßte deren Ursachen?

Sogar der Weise hält das für schwierig . . .

Des Himmels Weg ist:
  nicht zu streiten
    und doch vortrefflich zu siegen,
  nicht zu reden
    und doch vortrefflich zu antworten,
  nicht zu rufen
    und doch von selber kommen zu lassen,
  weitherzig zu sein
    und doch vortrefflich zu rechnen.

Des Himmels Netz ist
  so allumfassend und so weitmaschig –
    und doch läßt es nichts durch.

leute/nicht/fürchten/tod –
  was/hilft es/mit/tode/schrecken/sie?

würde/lassen/leute
  ständig/fürchten/tod,
und dennoch/einer/täte/ungebührliches,
  ich/fände/ergriffe –
aber/töten/ihn,
  wer/wagt?

beständig/ist da,
  der/kümmert sich um/töten/tötet.

jedoch/dessen/statt/kümmern um/töten/töten,
  das/heißt,
anstatt/großen/zimmermanns/zuschlagen.

wer/aber/anstatt
  großen/zimmermanns/zuschlägt,
selten/ist,
  nicht/verletzt/seine/hand . . .

Die Leute fürchten sich nicht vorm Tode –
Was hilft es, sie da mit dem Tode zu schrecken?

Ich ließe die Leute
ständig vorm Tode sich fürchten,
und täte einer dennoch etwas Ungebührliches,
ich fände und ergriffe ihn –
Aber ihn töten –
wer wagte das?

Beständig ist da einer,
der sich ums Töten kümmert und – tötet.

Jedoch an dessen Statt
sich ums Töten zu kümmern und – töten,
das heißt,
anstatt des großen Zimmermanns zuschlagen.

Wer aber anstatt
des großen Zimmermanns zuschlägt,
selten ist es,
daß er sich nicht seine Hand verletzt . . .

volk/es/hungert –
weil/seine/oberen/verschlingen/vom/zehnten/zuviel,
dar-/um/hungert . . .
volk/es/schwer/leiten –
weil/seine/oberen/laufend/haben/zu tun,
dar-/um/schwer/leiten . . .
volk/es/nimmt leicht/tod –
weil/seine/oberen/suchen/des/lebens/üppigkeit,
dar-/um/nimmt leicht/tod . . .

doch/nur/wer/nichts/aus/leben/sich macht,
der/würdiger/als/schätzen hoch/leben.

Das Volk, es hungert –
Weil seine Oberen zuviel vom Zehnten verschlingen,
darum hungert es . . .
Das Volk, es ist schwer zu leiten –
Weil seine Oberen laufend etwas zu tun haben,
darum ist es schwer zu leiten . . .
Das Volk, es nimmt den Tod zu leicht –
Weil seine Oberen des Lebens Üppigkeit suchen,
darum nimmt es den Tod zu leicht . . .

Doch nur, wer sich aus dem Leben nichts macht,
ist würdiger als einer, der vom Leben viel hält.

menschen/sie/leben
  da/weich/zart,
ihrem/tode
  da/fest/hart;
abertausend/lebewesen,
  kräuter/bäume/sie/leben
  da/weich/biegsam,
ihrem/tode
  da/trocken/dürr.

also:
  festigkeit/härte/des/todes/gefährten,
  weichheit/zartheit/des/lebens/gefährten.

darum:
  waffe/hart/dann/nicht/siegt,
  baum/hart/dann/waffe:
    harte/große/weilt/unten,
    weiche/zarte/weilt/oben.

Die Menschen, wenn sie leben,
  da sind sie weich und zart,
nach ihrem Tode,
  da sind sie fest und hart;
die abertausend Lebewesen,
  Kräuter und Bäume, wenn sie leben,
  da sind sie weich und biegsam,
nach ihrem Tode,
  da sind sie trocken und dürr.

Also:
  Festigkeit und Härte sind des Todes Gefährten,
  Weichheit und Zartheit sind des Lebens Gefährten.

Darum:
  Ist die Waffe hart, dann siegt sie nicht,
  ist der Baum hart, dann wird er zur Waffe:
    Das Harte und Große weilt unten,
    das Weiche und Zarte weilt oben.

des/himmels/weg –
  der/gleicht/gespanntem/bogen?

  was/hoch/drückt nieder/es,
  was/nieder/hebt hoch/es,
  was/hat/zuviel/mindert herab/es,
  was/nicht hat/genug/füllt auf/es.

des/himmels/weg/mindert/hat/zuviel
  und dabei/füllt auf/nicht hat/genug.

des/menschen/weg/dagegen/nicht ist/so:
  mindert/nicht hat/genug,
  auf daß/empfange/hat/zuviel.

wer/ist imstande/hat/zuviel
  lassen/empfangen/himmel/unten?
    nur/wer/hat/weg.

dar-/um/weise/mann:
  wirkt,
    doch/nicht/pocht darauf:
  werk/vollendet,
    doch/nicht/aufhalten dabei:
  er/nicht/wünscht/werden/geehrt.

Des Himmels Weg –
  gleicht der nicht dem gespannten Bogen?

  Was hoch ist, er drückt es nieder,
  was nieder ist, er hebt es hoch,
  was zuviel hat, er mindert es herab,
  was nicht genug hat, er füllt es auf.

Des Himmels Weg mindert, was zuviel hat,
  und füllt auf, was nicht genug hat.

Des Menschen Weg dagegen ist nicht so:
  Er mindert, was nicht genug hat,
  auf daß empfange, was zuviel hat.

Wer aber ist imstande, was er zuviel hat,
  die Welt empfangen zu lassen?
    Nur, wer den rechten Weg hat.

Darum der Weise:
  Er wirkt,
    doch pocht nicht darauf:
  Das Werk wird vollendet,
    doch er hält sich nicht dabei auf:
  Er wünscht nicht, geehrt zu werden.

himmel/unten/nichts/nachgiebiger
  weicher/als/wasser –
und dennoch/angreift/feste/starke
  nichts/es/imstande/zu bezwingen/es.
weil/es/nichts gibt/wodurch/gewandelt es.

schwache/das/bezwingt/starke,
  nachgiebige/das/bezwingt/unnachgiebige:
himmel/unten/niemand/nicht/weiß,
  niemand/imstande/danach zu handeln.

dar-/um/weise/männer/sagten:
  auf sich lädt/des/reiches/unflat,
    der/heißt/heimat/götter/meister,
  auf sich lädt/des/reiches/un-/glück,
    der/wirkt/himmel/unten/könig.

  richtige/worte/wie/verkehrt.

Auf der Welt ist nichts nachgiebiger
  und weicher als das Wasser –
Und dennoch greift es das Feste und Starke an,
  und nichts ist imstande, es zu bezwingen,
weil es nichts gibt, wodurch es gewandelt wird.

Das Schwache, das bezwingt das Starke,
  das Nachgiebige, das bezwingt das Unnachgiebige:
Auf der Welt ist niemand, der das nicht weiß,
  und doch ist niemand fähig, danach zu handeln.

Darum sagten die Weisen:
  Wer auf sich lädt des Reiches Unflat,
    der heißt den Göttern der Heimat ein Meister,
  wer auf sich lädt des Reiches Unglück,
    der wirkt der Welt als König.

  Richtige Worte aber sind wie verkehrt.

aussöhnt/großer/groll,
gewiß/ist/rest/groll:
wie/kann/halten/für/gut?

dar-/um/weise/mann:
ergreift/linke/kerbholz
und/nicht/fordert/vom/andern.

hat/gesinnung,
kümmert um/kerbholz,
ohne/gesinnung,
kümmert um/nehmen.

himmels/weg/keinem/verwandt,
beständig/gibt/gutes/menschen.

Söhnt sich ein großer Groll aus,
so ist da gewiß ein Rest von Groll:
Wie kann man das für gut halten?

Darum der Weise:
Er ergreift das linke Kerbholz
und fordert nichts vom andern.

Hat man die rechte Gesinnung,
so kümmert man sich ums Kerbholz;
ist man ohne rechte Gesinnung,
so kümmert man sich ums Nehmen.

Des Himmels Weg, der keinem verwandt,
gibt beständig Gutes den Menschen.

klein/reich/spärlich/volk:
  laß/besitzen/hunderterlei/hausrat
    und/nicht/brauchen;
  laß/volk/schwernehmen/tod
    und/nicht/ferne/ziehen;
  obschon/besitzt/boote/wagen,
    kein/grund/zu besteigen/sie;
  obschon/besitzt/rüstungen/waffen,
    kein/grund/auszuteilen/sie;
  laß/leute/zurückkehren/knoten-/schnüren
    und/brauchen/sie.

    süß/ihre/speise,
    schön/ihre/kleidung,
    friedlich/ihr/wohnen,
    erfreulich/ihre/sitte.

nachbar/länder/einander/sehen
  des/hahnes/hundes/ruf/einander/hören
leuten/nahe/alter/tod,
  ohne/einander/gehen/kommen.

Klein sei das Reich und spärlich das Volk:
laß es hunderterlei Hausrat besitzen
und nicht brauchen;
laß das Volk den Tod schwernehmen
und nicht in die Ferne ziehen;
obschon es Boote und Wagen besitzt,
sei da kein Grund, sie zu besteigen;
obschon es Rüstungen und Waffen besitzt,
sei da kein Grund, sie auszuteilen;
laß die Leute zu Knotenschnüren zurückkehren –
und sie brauchen.

Süß sei ihre Speise,
schön ihre Kleidung,
friedlich ihr Wohnen,
erfreulich ihre Sitte.

Und mögen die benachbarten Länder einander sehen
und des Hahnes und Hundes Ruf einander hören können,
den Leuten nahe Alter und Tod,
ohne daß sie zueinander kamen noch gingen.

wahre/worte/nicht/schön,
schöne/worte/nicht/wahr:
tüchtige/nicht/beredt,
beredte/nicht/tüchtig,
wissende/nicht/gelehrt,
gelehrte/nicht/wissend.

weise/mann/nicht/aufhäuft:
indem/so/wirkt/andere,
selber/mehrt/besitz,
indem/so/gibt/anderen,
selber/mehrt/meiste.

des/himmels/weg/nützen,
doch/nicht/schaden,
des/weisen/mannes/weg/wirken,
doch/nicht/streiten.

Wahre Worte sind nicht schön,
schöne Worte nicht wahr;
tüchtige sind nicht beredt,
beredte nicht tüchtig,
wissende sind nicht gelehrt,
gelehrte nicht wissend.

Der Weise häuft nichts auf:
Indem er so für andere wirkt,
mehrt sich ihm selber der Besitz,
indem er so den andern gibt,
mehrt sich ihm selber das meiste.

Des Himmels Weg ist, zu nützen,
doch nicht, zu schaden,
des Weisen Weg ist, zu wirken,
doch nicht, zu streiten.

Die Überschriften zu den Sprüchen

老子道德經

Erstes Buch

Zweites Buch

Erläuterungen

Zum ersten Spruch:
Siehe Einleitung Seite 33 und 34f.

Zum dritten Spruch:
Siehe Einleitung Seite 28 und 30.

Zum vierten Spruch:
Siehe Einleitung Seite 22.

Zum fünften Spruch:
Stroherne Hunde wurden in China bei den Opferfeiern für die Dahingeschiedenen gebraucht; Dschuang Dse (XIV, 4) erzählt uns dazu: »Bevor die strohernen Hunde aufgestellt werden, setzt man sie in ein Bambuskörbchen und hüllt sie in feine Stickereien; und der Totenknabe wie der Totenbeschwörer fasten und reinigen sich alsdann, um sie darzureichen. Nachdem sie aufgestellt waren, wirft man sie gewöhnlich fort, und die Vorübergehenden trampeln ihnen auf Kopf und Rücken herum, und zu guter Letzt nehmen die Brennholzsammler sie mit und verfeuern sie – und das ist alles.«
Nicht viel anders als diesen strohernen Hunden ergeht es den abertausend Geschöpfen in der Welt: Nachdem sie die ihnen von Himmel und Erde, also der Natur, zugedachte Aufgabe erfüllt haben, werden sie von ihnen ohne Erbarmen beiseite geworfen und nicht mehr beachtet. Ebenso behandelt der Weise auch die aberhundert Sippen: Er bedient sich ihrer und geht, nachdem sie ihre Aufgabe erfüllt haben, zur Forderung des Tages über.

Zum sechsten Spruch:
Dieser Spruch wird bei Liä Dse (I, 1) zitiert und soll nach ihm aus dem »Buch des Gelben Kaisers« stammen, der als einer der legendären Ahnherren des Dauismus gilt. Es darf also angenommen werden, daß auch Lau Dse ihn dort entlehnte.

Zum siebten Spruch: Siehe Einleitung Seite 26.

Zum achten Spruch:

Dem Wasser, das hier von Lau Dse als Vorbild für die rechte Art des Sichverhaltens gegenüber der Umwelt hingestellt wird, begegnen wir in dieser Rolle schon im Buch der Wandlungen. Es wird dort durch das Dreistrichzeichen (gua)

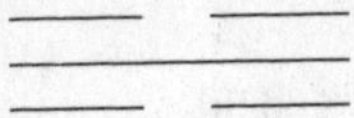

dargestellt. Dabei stellen der unterste und der oberste gebrochene Strich die gerade und der Halbierung nachgebende Zahl der Zwei und damit die Eigenschaft der Nachgiebigkeit dar, während der mittlere und ungebrochene Strich die ungerade und der Halbierung nicht nachgebende Zahl der Drei und damit die Eigenschaft der Unnachgiebigkeit darstellt. Somit läßt sich die Bedeutung dieses Dreistrichzeichens aus dem Buche der Wandlungen folgendermaßen zusammenfassen: das Wasser besitzt bei aller Unnachgiebigkeit seines Innern dennoch gegenüber seiner Umgebung eine vorbildliche Nachgiebigkeit und Weichheit, dank derer es sich mit seinem Streben überall, und zwar selbst in der höchsten Gefahr, vollendet durchzusetzen vermag, und das, ohne dabei seine innere Rechtschaffenheit einzubüßen. Dadurch aber wird es zum Vorbild für die Vortrefflichkeit der selbstlosen Haltung der rechten Gesinnung und ist daher fast auf dem rechten Wege.

Zum zehnten Spruch:

Die Übersetzung folgt hier dem Emendationsvorschlag von Yü Yüeh (1821–1906), der das im Wang-Bi-Text in Zeile 8 stehende Wort »Unwissenheit« (wu schi) gegen das in Zeile 12 stehende Wort »Tatlosigkeit« (wu wei) auswechselt.
Siehe zu diesem Spruch noch Einleitung Seite 40.

Zum elften Spruch:

Das dreißig Speichen zählende altchinesische Rad versinnbildlicht den dreißig Tage umfassenden synodischen Monat, der bei den Chinesen von einem Neumond zum andern dauerte.
Siehe zu diesem Spruch noch Einleitung Seite 23.

Zum zwölften Spruch:

Die fünf Farben sind nach chinesischer Überlieferung: Grün, Rot, Weiß, Schwarz und Gelb; die fünf Töne: Terz, Quinte, Sekunde, Sexte und der Grundton; die fünf Arten der Würze: sauer, bitter, scharf, salzig und süß. Dabei werden die fünf Farben, Töne und Würze je einem der fünf Kardinalpunkte der Windrose zugeordnet: nämlich dem Osten, Süden, Westen, Norden und der Mitte, wobei die Mitte der Standort des Beobachtenden ist:

	Süden rot Quinte bitter	
Osten grün Terz sauer	Mitte gelb Grundton süß	Westen weiß Sekunde scharf
	Norden schwarz Sexte salzig	

Siehe zu diesem Spruch noch Einleitung Seite 32.

Zum dreizehnten Spruch:

Siehe Einleitung Seite 26.

Zum vierzehnten Spruch:

Siehe Einleitung Seite 13 und 22.

Zum fünfzehnten Spruch:

Die letzten drei Zeilen dieses Spruches entsprechen einer alten chinesischen Redensart: »Etwas Neues gewinnen, heißt das Alte vergessen.« Dabei gebührt allerdings, entsprechend der konservativen Gesinnung der Chinesen, dem Alten allemal der Vorrang. Wer also nach Lau Dse nichts Überflüssiges erstrebt, der ist

imstande, das Alte hochzuhalten und zu bewahren, und trachtet nicht danach, Neues zu beginnen und zu vollenden.
Siehe zu diesem Spruch noch Einleitung Seite 37.

Zum sechzehnten Spruch:
Siehe Einleitung Seite 33 und 34.

Zum siebzehnten Spruch:
Liegt die Leitung des Reiches in den Händen eines ganz Großen, so wissen die Unteren dank der selbstlosen Aufrichtigkeit, die ihn dabei beseelt, eben nur, daß er da ist. Fiel die Leitung des Reiches aber an einen Herrscher, dessen Gesinnung nicht an die des ganz Großen heranreicht, sondern steht sie darunter, dann fangen die Untertanen an, von ihm zu wissen, und beginnen ihn zu lieben und zu loben. Steht aber die Gesinnung des Herrschers darunter, so verbreitet er gemeinhin Schrecken und wird deshalb gefürchtet. Steht allerdings die Gesinnung eines Herrschenden noch tiefer, dann wird er überhaupt nicht ernst genommen und schließlich gar verhöhnt, so daß es zwischen ihm und den durch ihn Regierten keine Aufrichtigkeit mehr gibt.

Zum achtzehnten Spruch:
Der Kommentar des Wang Bi nennt als die sechs Blutsverwandten: Vater und Sohn, älteren und jüngeren Bruder, Gatte und Gattin.

Zum einundzwanzigsten Spruch:
Siehe Einleitung Seite 19.

Zum dreiundzwanzigsten Spruch:
Siehe Einleitung Seite 38f.

Zum fünfundzwanzigsten Spruch:
Der König als der vom Himmel mit der Herrschaft über den Erdkreis Belehnte folgt, wenn er seines Amtes mit der rechten Gesinnung waltet, dem Weg der Erde, die wiederum im Laufe der vier Jahreszeiten dem Weg des Himmels willfährt, während der Himmel einzig und allein dem rechten Wege gehorcht.

So ist dem Menschen, und zwar durch den ihn mit königlicher Gesinnung leitenden Herrscher, die Erde Gesetz; der Erde aber ist der Gang des Himmels Gesetz, und dem Himmel ist der rechte Weg und sein ewiges Kreisen Gesetz; der rechte Weg jedoch ist sich – als das Ureine – stets selbst Gesetz. Mithin hat der Mensch durch seinen im Dienste des Himmels die Erde verwaltenden König am Gesetze des rechten Weges teil.

Zum neunundzwanzigsten Spruch:

Siehe Einleitung Seite 38f.

Zum dreißigsten Spruch:

Unter dem »Menschenherrscher« ist der vom Himmel mit der Leitung des Reiches belehnte Herrscher zu verstehen.

Zum einunddreißigsten Spruch:

Gemäß einem althergebrachten Ritus saß der chinesische Herrscher mit dem Antlitz genau nach Süden auf seinem Thron, so daß er den Osten, also die Seite des Aufgangs von Sonne, Mond und Sternen als Seite des Heils, zu seiner Linken und den Westen, also die Seite des Untergangs von Sonne, Mond und Sternen als Seite des Unheils, zu seiner Rechten hatte. Entsprechend dieser Bedeutung von Links und Rechts schätzte der Edle in China in Zeiten des Friedens und häuslichen Glücks die Linke, in Zeiten des Krieges und Unheils aber die Rechte. Demgemäß wohnte der Oberfeldherr der Armee, als der für die Kriegsführung Verantwortliche, auf der Seite des Unheils, also im Feldlager zur Rechten, der Unterfeldherr hingegen zur Linken.

Zum vierunddreißigsten Spruch:

Zu den ersten beiden Zeilen dieses Spruches siehe Einleitung Seite 22, zum Schluß Seite 25.

Zum fünfunddreißigsten Spruch:

Das große Urbild, das es zu ergreifen gilt, ist der rechte Weg.

Zum neununddreißigsten Spruch:

Bei dem Satz: »... wer zahlreiche Ehren erstrebt, ist ohne Ehre«, folgt die Übersetzung dem Emendationsvorschlag von Wu Tschöng (1249–1331).

Zum vierzigsten Spruch:

Siehe Einleitung Seite 24.

Zum zweiundvierzigsten Spruch:

Siehe Einleitung Seite 20 und 21.

Zum dreiundvierzigsten Spruch:

Siehe Einleitung Seite 24.

Zum sechsundvierzigsten Spruch:

Siehe Einleitung Seite 27f.

Zum achtundvierzigsten Spruch:

Siehe Einleitung Seite 31.

Zum fünfzigsten Spruch:

Die Übersetzung folgt hier der Erklärung des Wang Bi. Danach sind die drei Gefährten des Lebens diejenigen Menschen, die als just Geborene erst in das Leben hinausgehen; die drei Gefährten des Todes sind diejenigen, die als Alternde bereits dem Tode entgegengehen; die letzten drei von den neun Menschen sind diejenigen, denen der Gang durchs Leben zur Richtstätte wird, weil sie eines gewaltsamen Todes sterben. Der noch übrige eine Mensch ist nun derjenige, der als der rechten Gesinnung mächtig sein Leben so zu führen weiß, daß es für ihn nicht zur Richtstätte wird.

Zum einundfünfzigsten Spruch:

Zu den Zeilen 15 und 17 siehe Einleitung Seite 19.

Zum zweiundfünfzigsten Spruch:

Siehe Einleitung Seite 35.

Zum vierundfünfzigsten Spruch:

Nach einer bis vor kurzem in China gültigen Auffassung geht jede Reform des gesellschaftlichen Lebens stets vom Einzelnen aus, um dann schrittweise um sich zu greifen, bis schließlich das ganze Reich erneuert ist. Dazu sagt ein altes Sprichwort der Chinesen: »Sich selbst recht machen, ändert die andern.«
Zu diesem Spruch siehe noch die Einleitung Seite 31.

Zum fünfundfünfzigsten Spruch:

Zu den Zeilen: »Das Mehren des Lebens nennt man Glück; Wollen, das sich der Seelenkraft bedient, Stärke«, siehe Einleitung Seite 26 und 27.

Zum sechsundfünfzigsten Spruch:

Siehe Einleitung Seite 35 und 36.

Zum neunundfünfzigsten Spruch:

Das Amt des Herrschers wird nach chinesischer Auffassung vom Himmel verliehen; deshalb ist das Leiten der Leute ein Dienst, den der Herrscher im Auftrag und in Gemäßheit des Himmels zu versehen hat. Weicht er davon ab, so hat er den Himmel verletzt und ist vom Thron zu stürzen.
Zu den ersten Zeilen dieses Spruches siehe auch die Einleitung Seite 30.

Zum sechzigsten Spruch:

Siehe Einleitung Seite 37f.

Zum einundsechzigsten Spruch:

Nach Lau Dse hat sich nicht nur der einzelne, sondern auch ein Reich das beständig nach unten strebende Wasser zum Vorbild zu nehmen, um so zum Sammelpunkt der kleinen Reiche und schließlich der Welt zu werden.

Zum zweiundsechzigsten Spruch:

Das chinesische Schriftzeichen »au«, hier mit »Ahnenwinkel« übersetzt, bezeichnete ursprünglich die Südwestecke des chinesischen Hauses, wo in früheren Zeiten die Idole der Ahnen aufbewahrt und verehrt wurden, bei denen man in Tagen der Not mit seinem Gebet Zuflucht suchte. – Das sogenannte »Himmelssinnbild« (bi) ist eine flache, ringförmige Scheibe aus polierter Jade, das vor allem hohen Würdenträgern am Hof des chinesischen Herrschers verliehen wurde.

Zum vierundsechzigsten Spruch:
Zum letzten Abschnitt dieses Spruches siehe Einleitung Seite 38.

Zum fünfundsechzigsten Spruch:
Zu den Zeilen 7 und 10 dieses Spruches siehe Einleitung Seite 29.

Zum siebenundsechzigsten Spruch:
Zu den ersten sieben Zeilen dieses Spruches siehe Einleitung Seite 22.

Zum siebzigsten Spruch:
Der Ahn, von dem die Worte, und der Herr, von dem das Tun des Lau Dse bestimmt werden, sind nichts anderes als der rechte Weg und die Gesinnung, die, als die rechte, diesem Weg aufrichtig folgt.

Zum einundsiebzigsten Spruch:
Die erste Zeile dieses Spruches wird von den meisten Übersetzern, und zwar vermutlich in Erinnerung an die Worte des Sokrates: »Ich weiß, daß ich nichts weiß«, so übertragen, als besage er, es sei für den Menschen das Höchste, von seinem Nichtwissen zu wissen. Wie jedoch ein Blick auf die Rohfassung der ersten beiden Zeilen zeigt, redet vom Wissen um das Nichtwissen erst die zweite Zeile, so daß die erste Zeile nur den Sinn haben kann, es sei für den Menschen das Höchste, vom Wissen nichts zu wissen. Die hier gebotene Übersetzung findet eine Stütze im achtunddreißigsten Spruch, wo es heißt: »Vor der Erfahrung liegt des rechten Weges Blüte und des Natürlichen Ursprung.« – Darum leidet auch der Weise als Wissender darunter, daß er trotz allen Wissens weiß, er wisse eigentlich nichts, und aus diesem Grunde leidet er im tiefsten Grunde nicht.

Zum vierundsiebzigsten Spruch:
Der große Zimmermann, von dem hier die Rede ist, das ist der die Welt sowohl bauende als auch zerstörende rechte Weg, der unsere Erdenwelt als Werden und Vergehen in der niemals stillstehenden Zeit durchwaltet und beherrscht.

Zum fünfundsiebzigsten Spruch:
Siehe Einleitung Seite 27.

Zum sechsundsiebzigsten Spruch:
Zu den Zeilen 9 und 11 siehe den fünfzigsten Spruch auf Seite 153.

Zum achtundsiebzigsten Spruch:
Wie im sechsten Spruch so ist auch hier das Wasser Sinnbild der vollendeten Nachgiebigkeit und Weichheit, das sich infolge der ihm eingeborenen Schmiegsamkeit stets den Umständen gemäß wandelt und sich ihnen dadurch völlig anpaßt. Aus diesem Grunde bezwingt es immer wieder das Feste und Starke, und es gibt nichts, das seine Wandlungsfähigkeit zu wandeln vermöchte.

Zum neunundsiebzigsten Spruch:
Kerbhölzer wurden im alten China ähnlich wie bei uns gebraucht, um darauf die Schuld durch eine entsprechende Anzahl von Kerben festzuhalten. Dabei erhielt der Schuldner das linke Kerbholz, auf dem die Schuld oder Verpflichtung verzeichnet war, während der Gläubiger das rechte Kerbholz an sich nahm, auf dem dic Forderung oder Berechtigung stand. – Hier aber übernimmt der Weise – und zwar dank seiner Selbstlosigkeit – das linke Kerbholz, das heißt also die Schuld, und fordert folglich nichts vom andern. Und nur dadurch, daß er die Schuld auf sich nimmt, schafft er den restlichen Groll aus der Welt.

Zum achtzigsten Spruch:
Von Knotenschnüren spricht schon das Buch der Wandlungen (I Djing), und zwar im zweiten Kapitel des zweiten Teils der Kommentare zu den »Darangeknüpften Aussprüchen«, wo es heißt: »Im hohen Altertum knotete man Schnüre, und es wurde damit regiert; in späteren Zeiten ersetzten die Weisen sie durch

geschriebene Verträge, um damit die aberhundert Beamten zu leiten und so die abertausend Leute zu überblicken . . .« Sonach dürften Knotenschnüre im chinesischen Altertum eine ähnliche Rolle gespielt haben wie die Quipus bei den Inkas im alten Peru, wo sie als mnemotechnisches Hilfsmittel für die statistische Erfassung der im Lande jeweils vorhandenen Mengen an Vieh, Getreide und anderer Güter, also für die Verwaltung des Landes gebraucht wurden.

Zum einundachtzigsten Spruch:

Das chinesische Wort »hsin«, das hier mit »wahr« übersetzt worden ist, bedeutet auch noch »aufrichtig« oder »redlich«, so daß die beiden Anfangszeilen dieses Spruches auch so übertragen werden können:

»Redliche Worte sind nicht schön,
schöne Worte nicht redlich«

oder:

»Aufrichtige Worte sind nicht schön,
schöne Worte nicht aufrichtig.«

Inhalt

Früheres von Jan Ulenbrook

1947	Einige Sprüche des Lao Tse	»Das Goldene Tor« 2. Jahrgang, Nr. 8/9
1952	Lyrik des Ostens (Beiträge)	Hrsg. von Wilhelm Gundert Hanser Verlag, München
1959	Der Wind brach einen Blütenzweig (Chinesische Lyrik)	Holle Verlag Baden-Baden
1960	Haiku (Japanische Dreizeiler)	Insel Verlag Wiesbaden
1962	Lau Dse Dau Dö Djing	Carl Schünemann Verlag Bremen
1963	Haiku (Japanische Dreizeiler)	Carl Schünemann Verlag Bremen
1967	Einige Übereinstimmungen zwischen dem Chinesischen und dem Indogermanischen	Anthropos 62. 1967
1968	Zum chinesischen Wort *hüe*	Anthropos 63. 1968
1969	I-Djing-Interpretation (Erklärung des Buches der Wandlungen)	Anthropos 63/64 1968/69
1969	Pflaumenblüte und verschneiter Bambus Chinesische Gedichte	Manesse Verlag Zürich
1970	Einige Bemerkungen chinesischen Schriftzeichen	Antaios Bd. XII Nr. 2
1970	Zum chinesischen Wort *ti*	Anthropos 65. 1970
1971	Über die Bedeutung der Nord-Süd-Richtung im alten China	Antaios Bd. XII Nr. 5
1971	Über die altchinesische Dämonenmaske des »t'ao t'ie«	Antaios Bd. XII Nr. 6
1979	Haiku (Japanische Dreizeiler)	Wilhelm Heyne Verlag München